導信の教えシリーズ

人生を幸せに生きる

10ピースの教訓

在家僧侶が語る無派無宗の教え

～あなたが生きる本当の意味～

導 信

はじめに

みなさま、はじめまして『導信《どうしん》』と申します。

恋愛、夫婦、子育て、仕事、病気、そして人生…。

今、みなさんは最も難易度《なんいど》の高い『修行』に挑戦しています。自分の気持ちだけではどうにもならない、まさに一筋縄《ひとすじなわ》では行かない人生です。日常生活こそが最も難しい修行の場です。

私もみなさんと同じく、一筋縄では行かない人生を歩んでおります。時に疲れる事も、頭に来る事もありながら、それでもやっぱり人生という修行はやりがいのある素晴らしいものだと思い知らされています。

私は現在、いくつかの会社を経営しながら、ビジネスを目的としないライフワークで多くの方の相談にのってまいりました。多い時で、一日17組の個人相談に乗る事もありましたが、相談者の口コミもあり、一時予約が取れずに半年も待ってもらう様になっていました。

さすがにこれでは続けられないと思い、２００９年からは、一度に多くの方にお話が出来る様に講話会と題して、心豊かに生きる為の教訓をお伝えするセミナーを開催する様になりました。（※現在、個人相談は休止しております）

会場によっては参加費を数百円頂いた事もありますが、基本的にはすべて無料で行ってまいりました。

それは、あくまで私の知識や考え方を人のお役に立たせたいという想いから始まった事だからです。少しでも悩んでいる人のお力になれればと始めた講話会も、あらためて数えてみると、これまで３００回以上開催していた様です。

私が必ずお伝えしている事は、「人生は考え方で変わる」という事で、「現実の生活環境を変える事が出来なくても必ず幸せになる事が出来る」という内容です。

この考え方を前提としなければ、生活環境に恵まれた人や五体満足の人しか幸せになれないという矛盾が起きてしまいます。

人生を自分で切り拓いていく為には、問題を問題と受け止めるのではなく、日々起こる問題にどんな原理・法則が働いているのか、その問題が起きた理由を知る事が大切です。

問題が起きた原理（理由）が分かれば、あとは同じ事を繰り返さなければ二度とその類《たぐい》の問題に悩まされる事は無くなります。たとえば、誰かに答えを教えてもらい、言われるがままに行動し問題回避が出来たとしても、それは夏休みの宿題を答えを見ながら丸写ししているのと同じ事で、つまりあなたの力には何一つなっていないのです。それは問題を回避したのではなく、一時《いっとき》先延ばししただけの事で、必ずまたその問題は形を変えて再来します。

何でもかんでも「私どうしたらいいでしょうか？」という様な他人に答を求めるその依存心があるうちは、本当のあなたらしい人生を送る事は出来ないという事を知ってほしいのです。「私はどうしたいのか？」という事をまず最初に考えるべきです。

そしてもう一つ、本当の幸せとは誰にでも出来る方法でしか掴《つか》めないと思って下さい。神様は平等です。特別な人だけが幸せになる様にはしていないのです。どんな境遇にあるとしても、その中で幸せになれる方法を必ず用意しています。

例えば、職場や家族の人間関係で悩んでいる人は、転職や離婚をしない限り問題は解決しないと思い込んでいます。でも、現実問題としてすぐに行動を起こす事は難しいので、自分の悩みは尽きないと失望しています。しかし、そうではありません。目の前の現実を変える事なく誰にでも未来を変える事が出来ます。その境遇でしか学べない事があるから、あなたはそこにいるのです。

大切なのは、今その場所であなた自身が幸せを引き寄せる生き方が出来るかどうかです。考え方、生きる姿勢が変われば、自分から変えようとしなくても必ず現実の方が勝手に変わって行きます。それが人生の原理法則だからです。

貧乏だろうが金持ちだろうが、宗教を信じていようがいまいが、自分の日常生活の中でどう生きているかが大切な事です。

泣いたり、笑ったり、怒ったり、喜怒哀楽があってもいいのです。そのすべての出来事に無駄な事など一つもありません。あなたらしく生きて行けばいいのです。

自分に無いものばかりを求めていないで、人と比べて真似ばかりしようとしないで、「今ある自分の精一杯で生きていく」まさにその姿勢が幸せを引き寄せる第一歩なのです。

導信

出版にあたって

講話会を始めるようになってから、霊的知識を身に付けた方が意識を変え、自分自身で人生を好転させていくのを数多く見てきました。考え方を変える為の知識がいかに大切かを改めて学ばせて頂きました。

そういう体験を通して、講話会に来られない方にも魂の原理・法則をお伝えする為に、いつかは本を書きたいと思ってはおりました。

しかし、実際に出版のお誘いを頂いた時にはまだ私には早いなと思いました。もう少し私自身が修行を積んでからでないと生意気ではないかと正直思いました。それは今でもそう思いながら原稿を書いておりますが…。

でも、日頃から私は「すべての出来事は必然。タイミングも必然。」と言い続けています。日常で起こるすべての出来事が偶然を装った『必然』の繰り返しです。

そんな事を言っているので、私自身もそれに習って考え直しました。自分の都合のいいタイミングではなく、必然という宇宙の営みの動きに自分を合わせて行く事は、豊かな人生を歩む為にとても大切な生き方です。

私においても、このタイミングで本を書く事には必然的な意味があると思っていますが、皆様においても、本書を手に取ったこの瞬間も紛れもない必然の結果であり、今のあなたにとって大切なメッセージが書かれているからこそ手にするご縁が生まれているのです。

そして一つ、誤解の無い様に書いておきたい事があります。本文の中には霊、魂、などの言葉が随所に出て参りますが、特定の宗教などには一切関係していない事を断言しておきます。私自身、在家僧侶という一面を持っており、霊的知識に基づいた人生観をお伝えしている訳ですが、それは自分自身の魂の学びであり、宗教活動を目的として行っているものではありません。

逆に宗教や宗派、儀式といった形にはまったく興味がありません。何よりも、他人や特定の団体に依存しなくとも人生を力強く前向きに歩んで行ける様になってもらいたいからこそ、本を書いているのです。

一人一人が依存心の無い自律した生き方が出来てはじめて心に平和が訪れ、その様な人が多く住む地域が豊かになり、ひいては日本が平和になって行くと考えています。

さて、本題に入る前に、ここで少し私がどんな人間か、生い立ちをお話しさせてもらいます。私は特別な人間ではありませんので、生い立ちを知って頂き親近感を持って頂ければ幸いです。

私は先生ではありません。失敗もすれば感情に流されてしまう時もあります。でも、私は今世という修行で自分の魂を少しでも成長させ、胸を張って故郷《ふるさと》（霊界）へ戻りたいと思っています。

魂の原理を理解すると人生観は大きく変わります。人生がすべてではなく、人生はあくまで準備でしかない事が分かるからです。それについては、次の項目で説明する魂の原理をしっかりと読んで頂きたいと思います。

現在の私は、二つの会社を経営する他、営利を目的としないNPO法人（児童養護施設の子供支援）、カフェレストラン、不動産賃貸などをやっており、ライフワークとして講話会を定期的に開催して参りました。

ここまでの話だけ聞くと、私を優等生《ゆうとうせい》と思ってくれるのではないでしょうか？私もなかなか良くやっていると今は自分で自分を褒めています（笑）。

それは自分の過去をよく知っているからです。本書を手に取ってくれた皆様の中には、人生に悩んでいる人もいるかと思います。今は道を踏み外してしまっている人もいるかもしれません。または、そんなお子さんを持ち、悩んでいる親御さんもいるかもしれません。そんな人たちにも親近感を持って読んで頂く為に、恥を忍んで私の過去を暴露します。

私自身、ここまで真っ直ぐに正しい道だけを歩んで来た訳ではありません。だからこそ、今悩んでいる人、道を踏み外している人の気持ちが良く分かるのです。理屈では決して解決出来ない心の葛藤《かっとう》を理解できるからこそ、私は断言して言うのです。

「大丈夫、あなたも必ず幸せになれる」と。

そして過去がどうであれ、必ずいつかは立ち直れると心から信じてあげる事が出来ます。それは私自身も葛藤を続けた過去の経験があるからです。

私はすでに小学校低学年時代から問題児でした。学年が進むごとにいたずら坊主ぶりにも拍車《はくしゃ》がかかり、学校の先生に呼び出される事は日常茶飯事《にちじょうさはんじ》でしたが、遂には校長室に親が呼び出しされる事も…。

授業を抜け出し近所のスーパーで徘徊しては補導され…

学校帰りは決まって裏山に隠してあるタバコを一服…

麻雀を覚えたのも、バイクの運転を覚えたのもこの頃です。

中学生になってからは行動範囲も人間関係も大きく広がり、その分やんちゃ振りにも拍車がかかり、警察にも何度かお世話になる事もありました。

高校に入ってからは、何度も停学を繰り返していましたから、卒業できたのが奇跡のようです。卒業も危《あや》ぶまれた時がありましたが、私に目をかけてくれた先生のお蔭で何とか卒業させてもらう事が出来ました。

この原稿を書いている時、編集の方に「幼少期に家庭で何かあったんですか?」と聞かれました。いやいや、私はとても家庭には恵まれていました。父親も母親も理解のある自慢の両親でしたので、特に何か反発したい事もありませんでしたが、言うなら私が好奇心の固まりみたいな感じだったのでしょうか。まだやった事の無い事や、危険が伴《とも》う事、やってはダメだと言われる事ほど好奇心がくすぐられたものです。

ルールを守っていないのは事実なので何も弁解する事も出来ませんが、その当時は当時なりに越えてはならない一線をちゃんと決めていて、少しルールからはみ出す事があったとしても人としてのモラルだけは守ろうと仲間内でも話していました。

人生を正しく生きて来られた方にしたら本当に勝手な言い分に聞こえると思いますが、意外と不良ってのは変なところに正義感が溢《あふ》れているものです。

最近よくニュースで見ますが、自殺にまで追い込む様な執拗《しつよう》で陰険《いんけん》なイジメなどを見つけた時など、そのイジメっこグループに乗り込んで行っては、こてんぱんにやっつけたものです。

悪い事もしましたが、良い事も人を助けた事も結構ありました。

今となってはすべてがいい想い出となっておりますが、ここで一つだけ忘れられない出来事を紹介したいと思います。

小学5年か6年生の頃だったと思いますが、警察沙汰《ざた》になるかならないかという問題があり（というか私が問題を起こしたのですが…）呼び出された父親は仕事を切り上げて急いで学校に駆けつけてくれました。

校長先生はじめ数名の先生に囲まれて私はしこたま怒られていました。

その帰り道、車内の空気は重く父親は終始無言です…。「こりゃ、家に着いたら思いっきりぶん殴られるだろう」と決死の覚悟を決めました。

家に入ると案の定、「ちょっと来い」と部屋に呼び出し。高鳴る心臓とは裏腹に、すでに覚悟を決めた私の心は妙に冷静に歯を食いしばりその時を待っています。

父親の前に正座した時、「俺の目を見ろ」と一言。はじめて父親を見た時、目にはうっすらと涙を浮かべています。思わず目をそらしてしまった私に「俺の目を見ろ」とまた一言。

10分くらいの長い時間に感じられましたが実際は1分くらいでしょうか、夕暮れ時の薄暗い静かな部屋で父と向き合っていました。

私は胸がいっぱいになってしまい、思わず声をあげ泣き崩れてしまいました。その瞬間、父親は私を強く抱きしめ、とっさに私も父を強く抱きしめていました。

この時、私と父は言葉にはならない心と心の会話を沢山交わしました。言葉での会話は無いままにこの一件は終わりましたが、この時父からもらった大きな愛を私は一生忘れる事はないでしょう。

そんな青春時代を謳歌《おうか》!?していましたが、ある時から何をしていても虚《むな》しさが湧いてくる様になっていきます。それが18歳を過ぎた頃からでしょうか。何をしていても、いつもどこか虚《むな》しいんですね。そして大勢の仲間と騒いでいても心は常に孤独なんです。

理由は分かりませんが、「何かを変えなきゃ」という想いが日に日に強くなっていました。仕事も転々としているそんな時です。

商店街の懸賞か何かの海外旅行ツアーに「欠員が出たから誰か行かないか」という話が聞こえて来たのは。まさに神様の粋《いき》な計《はか》らいです。

あまり深くも考えずに行く事を決め、見も知らぬ人たちと一緒にスペインやギリシャを巡る旅に出かけました。実はこれが私の人生観を大きく変える旅行となりました。

それまでお山の大将で自由にやって来た私でしたが、自分の知らない世界の広さを目《ま》の当たりにし、いかに自分が小さな世界で満足して生きているのかを思い知らされたのです。「そうか、この広い地球で何も生きる場所は日本だけじゃないぞ！」と気づいたのです。

帰国後、私は早速アメリカへの留学準備に取り掛かります。夜はスナックで働きながら日中は英語の勉強。なにしろ学生時代はまったく勉強して来なかったので基礎の基礎からやり直しです。

半年ほどで準備を整え、どうせ行くなら日本人の少ない場所がいいと思い、当時日本人の少なかったアメリカ最南端のマイアミへと旅立ちました。

まずは語学留学で英語をマスターし、そのあとにワーキングビザを取りアメリカで働こうという計画でした。

ところが、ワーキングビザを取る為に帰国した際に始めたアルバイト先のホテルで現在の妻に出逢うのです。

「はじめまして、こんにちは…」から3か月後には結婚してましたから、計画はちょっと変更です。10年くらい日本で働いて経済力を付けてからでも遅くないかな、と思う様になっていました。

サラリーマンをやっていてもそんな夢は実現できませんから、成功を目指し23歳で脱サラを決意！

もちろん世の中はそんなに甘くはありませんでしたので、新婚生活の数年間は生活するだけでもかなり大変でした。子供も出来ましたが、幼稚園費すら無いどころか、財布に全財産が数百円なんて月もありました。個人事業とは言っても一応社長ですから、打ち合わせなどの会計は当たり前の様に私が支払う空気な訳です。

財布の残金は一円単位まで頭に入っていて、ランチが600円で…コーヒーが500円×4人で…消費税が3％で…とそんな感じで頭はフル回転です。

「ああ、ちょっとギリギリだなぁ」となると、決まってセリフは「ああ、俺はもう昼済ませたからドリンクだけで…」と、まさに『武士は食わねど高楊枝《たかようじ》』状態です。

うまそうだなあ…と思いながらも空腹をよそに見栄を張らなきゃ商売も出来なかった時代でした。商品を売ったお金がその日の夕飯代という感じですから、まさに自転車操業です。

ずいぶん後になり分かった事ですが、妻は生活費を捻出《ねんしゅつ》する為に貯金を切り崩しながらやりくりしていたそうです。その貯金も底を尽くと、ホテル勤務時代にコツコツ集めて来たバックなどを質屋に入れてやりくりしていたそうです。

そりゃそうですよね。実家に住んでいる訳でもなく、アパート暮らしで小さな赤ちゃんが年子《としご》で生まれていましたから仕事にも行けません。私の収入だけで生活しなきゃないのですから、今考えると簡単に分かる事ですが、その当時は自分の事すら余裕が無くいっぱいいっぱいでしたから妻を気遣う事も出来なかったと思います。

それを聞いたのはだいぶ後の何気なく雑談している時の事でしたが、私は何も無いかの様にトイレに立ち、狭いアパートのトイレですので泣き声が妻に聞こえない様に声を押し殺し、何度も「ありがとう」と言いながら泣いたのを覚えています。何とか成功したいと必死に戦って来たのは私だけではなく、家で子育てをしながら留守を守る妻も一緒に戦っていたのだと知りました。結婚の時とは比較にならない程の決意で、「コイツを一生守っていく」と心に決めた瞬間でもありました。

脱サラし10年が過ぎた頃には、経済的にも時間的にもだいぶ余裕が出る様になりました。ところが、その頃からビジネスの世界から一度離れたいと思う様になっていたのです。「もっと自分には何かやる事があるんじゃないか?」という想いが募《つの》っていきます。

またもやここで神様の計《はか》らいがあるんですね!ちょうどそんな時に友人の奥さんがうつ状態になり、そこに霊現象も重なっていて日常生活に支障が出る程苦しんでいました。

私は私で仕事にも精が出ませんし、時間はいくらでも都合が付けられますし、やる事もないというか…やりたい事もなかったので毎日の様に会い、彼女の人生相談に乗っていました。何を話していたか細かい事は覚えていませんが、目の前で起きる問題や悩み事に振り回されない様にするには、どういう考え方をすればいいのかを一所懸命話していた様に思います。

そんな時に、もともとスピリチュアルな世界が好きな彼女が買ったままになっている本を持ってきました。「私にはちょっと難しくて分かりにくかったけど、(筆者)の言っている事と似ているから読んでみますか?」と貸してくれたのです。

実はその本の中に私の魂に火を付ける一節が書いてあったのです。私はそれを読んだ時、神様は私にこれを見せる為に彼女を使ったのだと直感的に分かりました。その内容は、「人の心に希望や愛を与える事が最も魂を向上させる」みたいな事でした。これが私の魂をわし掴みにし奮い立たせたのです。

それまで意識した事は無かったのですが普段から人生相談に乗る事が多く、落ち込んだ人が笑顔になったり前向きになって行くのを見ることに、とても『やりがい』を感じていました。「そうだ、それが本当に俺がやりたい事だ」と、自分の生きる道を見つけた様な感覚で、一人興奮したのを覚えています。

ここでまた神様は粋《いき》な計《はか》らいをしてくれたのですが、数年後の自分の姿を夢で見せてくれたのです。それはあまりに鮮明な現実夢《げんじつむ》（実際に体験をしている事を夢として見る）でした。私の隣には指導霊（守護霊の中でもリーダー的な存在）がずっとそばに居ました。屏風《びょうぶ》に囲まれた狭い部屋で、私の話を10人程の人たちが熱心に聞いている様子でした。

『心豊かな生き方』みたいな話をしていたと思いますが、とても充実感があり聞いている人達もとても喜んでくれているのが分かります。

すると、私の後ろから「屏風の後ろを見て見なさい」と指導霊が私に声をかけます。霊格の高さが声だけで伝わってきます。凛《りん》とした威厳《いげん》があり、それでいて親《した》しみのある穏やかで温かい男性の声です。

次の瞬間、それまで部屋を囲んでいた屏風《びょうぶ》がゆっくりと消えていき、それまでは見えなかった部屋の全貌《ぜんぼう》が明らかになっていきます。

　すると、その部屋は体育館ほどもある広い一間《ひとま》の部屋だったのです。そしてそこには数え切れないほど大勢の人が座って私の話を聞いていたのです。その光景を見ていた私に指導霊は次の様に言います。「あなたの霊的知識を必要としている人を私が連れてきます。あなたは目の前に来た人に精一杯『魂の法則』や『人生の意味』をお伝えしなさい」と言い終えると、すべてがあっという間に光と共に消えて行きました。

　一人の心に灯《とも》す光は、いずれ多くの人の心に希望と愛をもたらす事が出来るという事を教えてくれました。

　その頃、賃貸用のアパートを建てたところだったので、一室をサロンとして使い無料で人生相談に乗る事を始めました。

　夢で見た光景をいつもイメージに持ちながら、最初は一人一人の相談に乗りながら生きる意味を一所懸命お伝えし、その結果、人数が増えて来たのをきっかけに講話会を開催するようになり、これまでに延べ数千人の方にお話が出来たと思います。

まさにあの時の夢が現実になったのです。私自身、生活も子育てもありますのでまだまだ仕事との両立になりますが、私は生涯《しょうがい》を通して本当の生きる意味や人生を謳歌《おうか》する意味を伝え続けて行きたいと思います。

そして本書との出逢いを通して、価値観を共有出来る仲間が全国に増える事を願っています。

Contents

すばらしい
未来が
待っている
導信

1章

人生を大切にしなければならない本当の理由

霊魂《れいこん》の原理

　ここで少し根本的な霊魂の原理について書きたいと思います。霊でも魂《たましい》でもなく、あえて霊魂《れいこん》と言っているのには理由があります。それはこれから説明していきます。

　私たちは肉体が生きているという存在ではありません。本来、霊として生きている存在であり、その霊としてのあなたが肉体を使って生きている時間を人生と言うのです。

　もう少し具体的に説明しますと、霊と魂は同じ意味ではありません。その違いが理解出来ると『輪廻転生《りんねてんしょう》』の原理も理解出来ます。最初は分かりにくいかもしれませんが、人生の意味を読み解くうえでとても大切な知識になるので、何度も読み返して理解して頂ければと思います。

　魂とは、これまで何度も何度もあなたが歩んで来た前世《ぜんせい》から今世《こんせい》までの人生一つ一つの個性です。

例えば今世《こんせい》のあなたをAとします。前世《ぜんせい》のあなたはBです。来世《らいせ》はCです。

ABCはすべて異《こと》なる魂（個性）です。根本的にはどれもあなた自身（霊）ですが、あなた自身（霊）を形成している個性（魂）のそれぞれが、その時に一番学びやすい環境（国、年代、家族など）を選び人生を歩んでいるのです。

つまり、今世は今のあなたという個性（魂）が選んできた人生で、来世はまた違う個性（魂）を使って人生を歩むという事です。本体のあなた（霊）が、自分の中にある個性（魂）を使って、様々なバリエーションの人生を経験し霊格を高めている。という事です。

経験を積んだ魂（個性）は本体《ほんたい》であるあなた（霊本体）に戻って行きますので、それぞれの個性（魂）で歩んだ人生の経験はすべて霊本体の経験です。

ということは、今のあなたという魂（個性）が送る人生は今世一回きりだという事です。

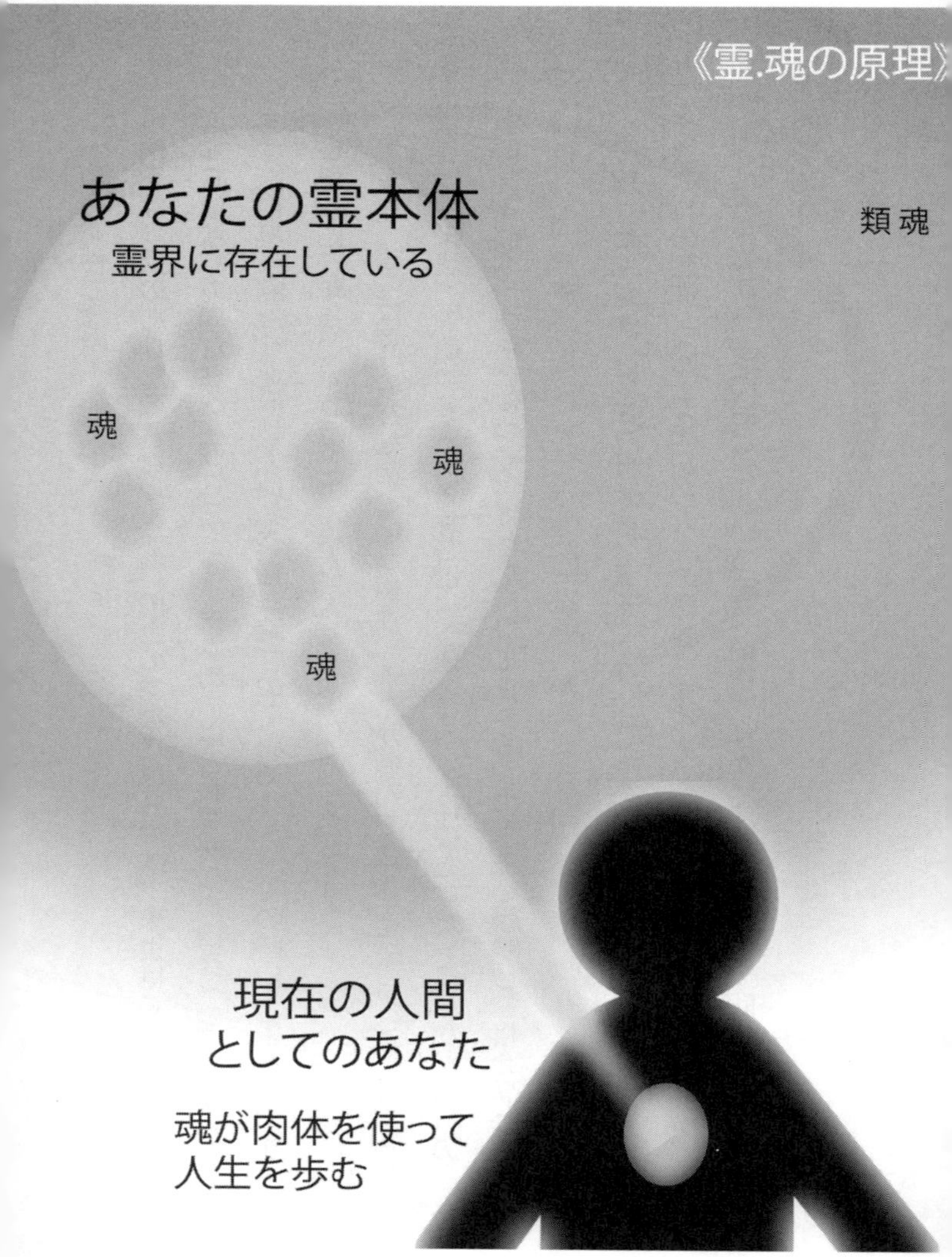
《霊.魂の原理》
あなたの霊本体
霊界に存在している
類魂
魂
魂
魂
現在の人間
としてのあなた
魂が肉体を使って
人生を歩む

今のあなたという個性だからこそ得られる感動、哀しみ、楽しさ、愛、苦労、そのすべてが霊格の向上に繋がっています。

まったく同じ人格で来世をリベンジする事は出来ません。次の人生は、年代も、国も、地域も、社会情勢も、家族も、友人も、性別も、身体的要素も、そしてあなたの感じ方もすべてが違うのです。（※すべて自分で選択します）

だからこそ、今しか味わえない人生を本当に大切にしなければなりません。今世でしか共に歩めない家族や親友、仲間との日々を大切にしなければならないのです。

※来世（地球で過ごす次回の修行）でも学ぶテーマが共通していれば、共に過ごす場合もある。

二度とない、今という人生を謳歌《おうか》しなければ本当にもったいないのです。人生は想い出づくりです。

私は「旅をするように生きていこう」と言っていますが、今度いつ来れるか分からない旅をする時、あなたはどんな気持ちで限られた時間を過ごしますか?。

少し風邪を引いたぐらいではホテルで寝込みませんよね。「せっかく来たんだから楽しもう！」という気持ちになるのではないでしょうか。

まさに人生をそういう気持ちで歩む事が出来たら、どれほど有意義《ゆういぎ》な時間となるのでしょう。

今世は一回きり。
今のあなただからこそ味わえる人生を謳歌しよう

2章

10ピースの教訓

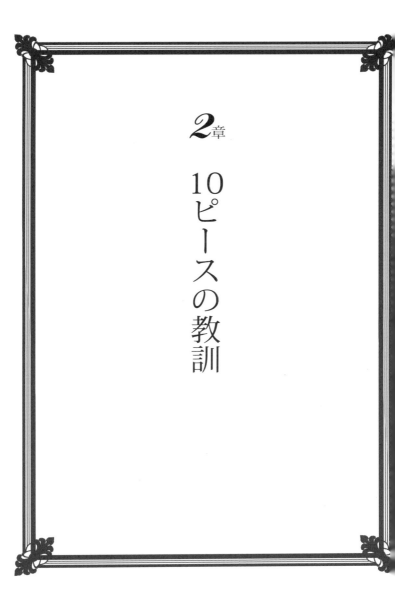

10ピースとは

今回、数ある教訓の中から最も基礎となる10項目を選んでまとめました。これらはこれまでに私が学んできた根本仏教や霊的真理、その他様々な分野の教訓を元に、実際に私が多くの方の相談にのって来た経験を踏まえて、出来るだけ分かりやすく、明日から実践に繋げられる様にまとめたものです。

お経や聖書、その他様々な宗教の教えにも心豊かに生きる為のいい教訓がたくさん書かれています。言葉や言い回しが違うだけで同じ事が書かれているものが多くあります。

本来、宗教とは一番戦争と遠いところに存在するはずのものが、今起きている戦争のほとんどが宗教戦争ですから私には理解が出来ません。それはもう神仏の名を語った単なる『人間』の集団に過ぎません。どんなにいい教えが書かれていても、それを読む人の人生観や偏見が解釈を別なものに変えてしまいます。

中にはその経典《きょうてん》が記された時代背景があまりにも現代に合わないものもあるので、この時代に生きる人にとってみんなが幸せになる方法を考えなければなりません。「みんなが」というのが重要です。地球人類全体を見ても、様々な国の集まりであり、その国もまた様々な地域の集まりです。そして地域は個人の集まりによって作られている集合体ですので、個人一人一人が幸せにならなければ地域、国、人類が豊かになるはずがありません。つまり、一人一人の心が豊かに、そして穏やかにならずに世界が平和になる訳がないのです。

心でいつも誰かを恨んでいる人が世界平和を唱《とな》えれますか？不安ばかり抱いている人に穏やかな地域を作れますか?。何においても基本は自分自身だという事です。自分自身とは心（魂）という事です。

10ピースとは、どんな種類の悩みでも、どんな境遇の人にでも共通する「幸せの教訓」ですので是非お手元に置いて頂き何度でも読み返して頂ければ嬉しく思います。タイトルにある『10ピースの教訓』の『ピース』ですが、ピース（peace）

は英語で平和を意味します。もう一つの意味はパズルなどの断片《だんぺん》とも訳されます。10項目の教訓が皆様の心に平和と愛をもたらす事を願っているという意味も込められていますが、幸せというパズルを完成させる為に、そのパズルのピースが本書の10ピースである事を定義《ていぎ》してタイトルにしました。

もうすでに、何ピースかのパズルを持っている（実践できている）人もいると思いますが、本書の10ピースをすべて手に入れた時（実践できる様になった時）には、必ずや最高の人生を手にしている事でしょう。

この10の教訓は、霊魂の原理・法則だけではなく、大自然、宇宙の根元である『愛』のエナジーに沿《そ》う生き方でもあります。宇宙のエナジーに共鳴《きょうめい》していくという事は、宇宙のエナジーをも受け取る事になります。

つまり、人生を自分の思うように、どの様にでも創造していくエナジーを手に入れるという事です。

そして、本書のテーマである「人生は考え方で変わる」とは、考え方が変わればもちろん行動が変わり、結果として人生が変わって行くという事も言えるのですが、本書ではもっと直結して「考え方＝現実が変わる」という事に気付いてもらいたいと思っています。

仕事、家庭、子育て、恋愛、病気、あらゆる日常はあなたの考え方が変わる事で現実の物理的な事も変化して行きます。逆に言えば、現実というのはあなたの頭の中（考え方）がそのまま具現化《ぐげんか》しているに過ぎないのです。

気に入らない物理的なもの（例えば職場や彼氏）を変えたとしても、あなたの考え方が変化していなければすぐに元の状態に戻ってしまいます。つまり目の前の人や職場の景色が変わっただけで、あなたの人生には何ら変化が起きないのです。病気で例えれば、胃潰瘍《いかいよう》という病気を物理的に治療して一時《いっとき》治ったとしても、取り越し苦労や心配性の考え方が変わらない限り、またすぐに再発してしまいます。

人生の中で起きる様々な出来事（現実）は、目では見えないあなたの考え方を分かりやすく示してくれていると思ってください。

現実は考え方が具現化《ぐげんか》したもの

この事を実際に起きたある相談者の例えで説明します。

ある時、この様な方が相談に来られました。職場にはクセのある人がいて、その人から特に自分がターゲットにされ嫌がらせを受けるのだそうです。耐えられなくなり転職をするも、別の職場でもまた同じ様な状況になってしまうという事を何度か繰り返しているそうです。どうしたらそういう人が居ない職場に転職が出来るかという相談でした。

私は「あなたの考え方が変わっていないから同じ事が繰り返されているんです

よ」とお伝えしました。嫌な奴はどこにでもいます。良い人もどこにでもいます。日本だろうが外国だろうがそれは同じです。

では、なぜあなたは嫌な奴とばかり一緒になるのでしょうか？そこを考えなければ問題は解決出来ません。人生というのは魂の未熟な部分を強化する為のトレーニングです。人生の目的自体が未熟な部分の克服ですので、今の課題をクリアしない限り何度でもリベンジがやって来ます。一時回避《いちじかいひ》は出来てもあくまでそれは『一時《いっとき》』であり、人生を送っている以上魂の学びから逃れられる人はいません。それを自らが決めて挑んで来たのですと。そんな話をしばらくしていました。

相談者もこの事を受け止め、なぜ自分がターゲットにされるのかをじっくり考えてみました。すると、相談者はいつも「こうなったら…どうしよう？」と何に付けても取り越し苦労をしていた事に気づきます。

また自分がターゲットにされたらどうしようという不安から、相手がまだ何もしていないのに自分から避ける様な行動を取っていた事に気づきました。誰だって話もしていないうちから意図的《いとてき》に避けられたら嫌ですよね。そういう空気は相手にはすぐに伝わるものです。

嫌がらせをされる発端《ほったん》を作っていたのは自分だったという事を反省し、次の日からは避けるのではなく、元気よく自分から「おはようございます」と挨拶する様にしました。苦手意識はまだあるものの、何か用事を頼まれた時にも快《こころよ》く「はい」と引き受ける努力をしました。

一か月程すると、それほど意識せずともだいぶ自然に接しられる様になったそんな矢先、その人は急きょ転勤が決まり職場を離れる事になったのです。これは実際に起こった実話です。

考え方が変わると、これまでは見えなかったものが見えるようになり、どの様に行動を変えればいいのかがはっきりとしてきます。あとはそれを出来る事から一つずつ実践していくだけです。そして今回の様に、学ぶべき課題が一つ終了すると現実はガラリと瞬間的に変わって行きます。

この相談者はこの様にして、まずは自分の考え方を切り変え、日常生活で実践する事で現実の世界は自然と変わって行く事を学ばれたのです。

人生の目的は魂の未熟な部分を克服する事

魂が最も向上する修行の場は『日常生活《にちじょうせいかつ》』です。

滝に打たれる修行は自分一人の決意で出来ますが、日常生活というのは様々な人格（魂）を持った人との共同生活の中で調和して行かなければなりません。自分の気持ちだけではどうにもならない事ばかりです。

家族、職場、地域、あらゆる場所での人間関係に順応して行かなければならず、そこで心が乱れない様に、思いやりを忘れない様に生活し続けるのは至難《しなん》の業《わざ》です。人間関係の中で繰り広げられる喜怒哀楽の経験が、あなたの魂を大きく大きく成長させていくのです。

人間（魂）から霊に戻った時、当然私たちの生活の場は霊界へと移ります。そこは個々の霊格《れいかく》（人間でいう人格）と霊性《れいせい》（人間でいう性格）によってはっきりと棲《す》み分けがされています。つまり霊格の違う霊同士が一緒に生活する事は基本的に無いという事です。（図①）

地球にはその様な棲み分けはありませんから、誰でも好きな場所に住む事が出来ます。それがゆえに霊界では決して触れ合う事の無い霊（人間）たちと出逢える貴重な場とも言えます。自分より霊格の低い霊（人間）との出逢いは反面教師になります。魂の未熟な人は、自己中心的で利他愛《りたあい》の精神が乏《とぼ》しく、何事にも感情的です。

それを見たあなたは、そこから利他愛の大切さ、人を許す大切さを学ぶのです。

自分より霊格の高い霊（人間）との出逢いはそのままお手本となります。

魂の経験が豊富な人は、常に理性的です。そして地球人類の向上に貢献する事に目覚めているので、利他愛に富《と》んでいます。

あなたはそこから愛の尊《とうと》さを学び、自らの目標としていかなければなりません。

皆それぞれが人生の目的を持ちながらも、霊格の違う者同士が共に触れ合いながら学び合っているのが地球の最大の特徴です。（図②）

すべての出逢いが今世の貴重な学び

それでは、これから10項目に分けて「心豊かに生きる」為の教訓を詳しく説明してまいります。

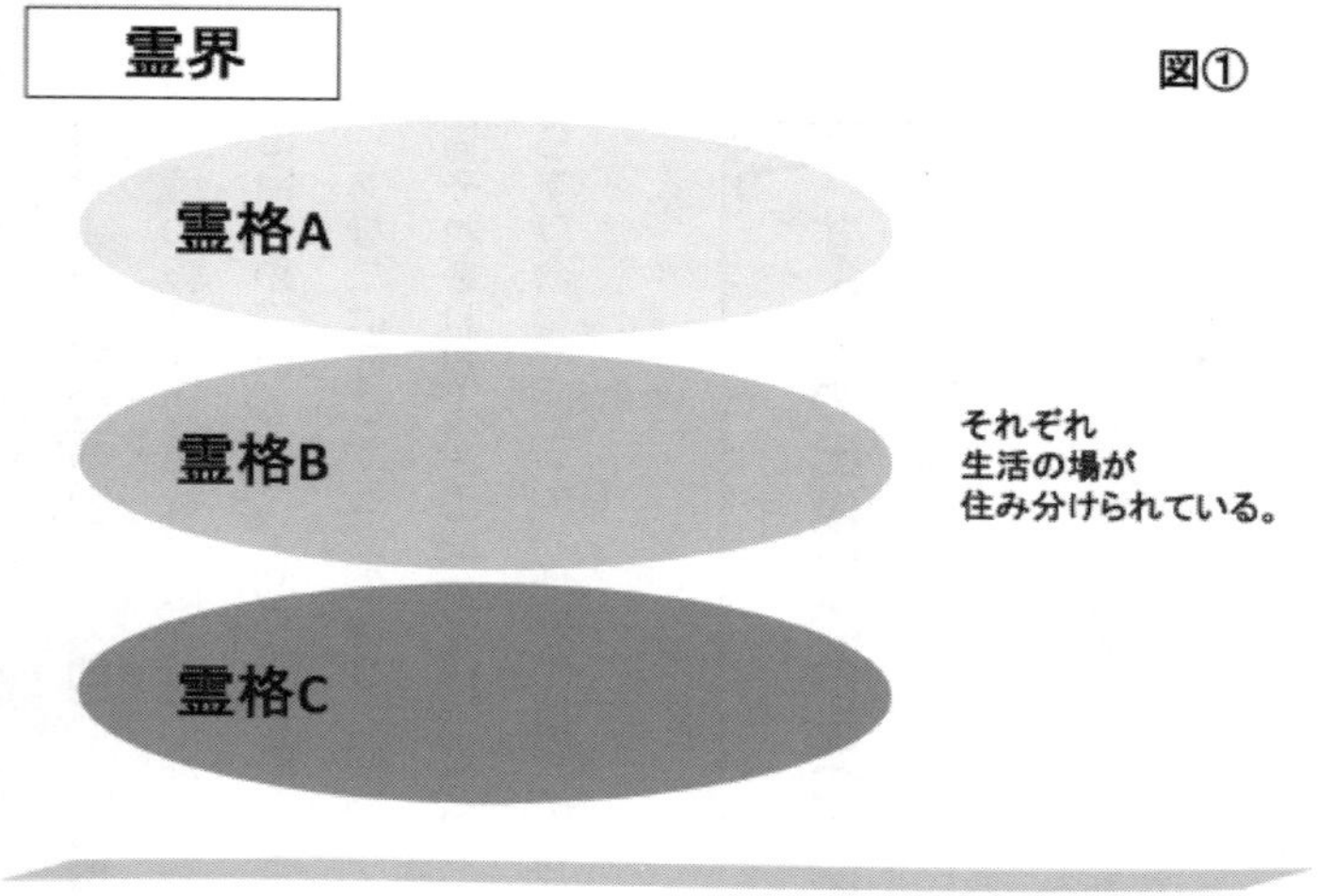
霊界
図①
霊格A
霊格B
霊格C
それぞれ
生活の場が
住み分けられている。

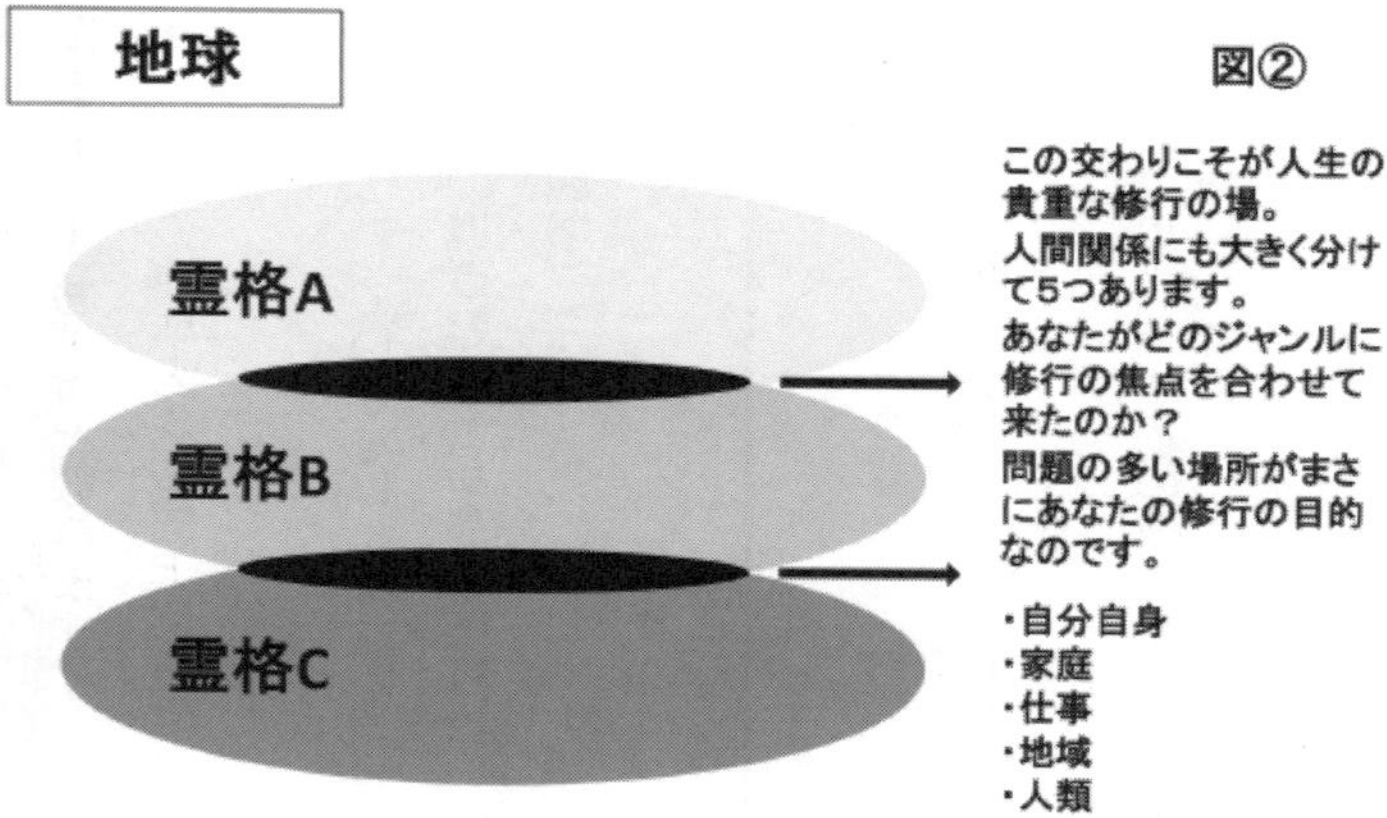
地球
図②
霊格A
霊格B
霊格C
この交わりこそが人生の
貴重な修行の場。
人間関係にも大きく分け
て5つあります。
あなたがどのジャンルに
修行の焦点を合わせて
来たのか？
問題の多い場所がまさ
にあなたの修行の目的
なのです。
・自分自身
・家庭
・仕事
・地域
・人類

Q 私は何をするにも理由は特にありませんが不安になってしまいます。自分の将来に対しても漠然とした不安があります。どうすれば不安感がなくなるでしょうか？（24歳・女性・ホテル勤務）

A 不安とはどういう時に起きるかと言えば、結果がどうなるか想像も付かない時に不安になるのです。結果が分かっている事に対して不安にはなりません。何となくでも結果が想像できるだけでも不安感は少なくなるはずです。つまり不安という感情は無知（知識が無い）から起きているのです。

何かに不安になったら、まずはその事について徹底的に調べてみましょう。経験が無くても知識が増えれば増える程不安感は軽減していくはずです。

人生そのもの、あるいは死について不安があるのなら、それは本書の様な魂の原理・法則を学び霊的知識をつけるといいでしょう。漠然とした不安をそのまま放置して置かないで下さい。

不安の多い人のキーワードは、『学ぶ』という事です。。

【１０ピースの教訓】

Peace 1

一元観《いちげんかん》

「状況の変化に振り回されない」

一元観《いちげんかん》とは、物事を二つの価値観に分けないという考え方です。例えば雨が降ります。ピクニックに行こうと思っていたAさんにとってこの雨は×ですが、農家さんにとっては恵みの雨なので○です。

この様に自分の都合によって雨を○か×か決めてしまうものの見方を二元観《にげんかん》と言います。一元観で捉えると雨は○でも×でもありません。雨はただの雨です。

これで一元観の基本的な考え方が分かったと思います。

なぜ一元観が幸せの教訓なのかと言いますと、二元観の問題は『自分の都合』の前に「今の」が付いてしまう事です。「今の自分に都合がいい」出来事は○で「今の自分に都合が悪い」出来事は×となってしまいます。

でもみなさん、これまでの人生を振り返ってみて下さい。思い通りに行かなかった方が結果良かった事はありませんか?私たちは常に『今』を生きている以上、将来本当にいい結果が今何かを知る事は困難です。

受験を例に取りましょう。合格したら○で、不合格なら×と思っています。受験という一つの物事を正反対の二つに分離させたものの見方、つまり二元観の捉え方です。

しかし、入学後何度も大きなトラブルに巻き込まれ、痛い目に合ったらどうでしょう。今度は受かった事に対して×だったと思う様になります。

逆に希望校には落ちたが、別の道を歩んだ先で生涯のパートナーに出逢えたらどうでしょう。×が○に早変わりです。

二元観の生き方をしている人は、こうして状況が変わるたびに一喜一憂し、感情に振り回され続けるのです。ものの見方が○と×なので、当然×を引かない様に○ばかりを探す様になります。同時に×を引く事への不安感も生まれます。こうなると、人は何とか○の道を見つける為に他力に依存する様になってしまいます。○と言われれば右へ進み、×と言われれば左へ進み、まるで糸の切れた凧《たこ》のように人生を右往左往《うおうさおう》する事になります。

受験に笑う人がいて泣く人がいる、しかし泣く人がいるからと言って受験自体が善でも悪でもありません。もちろん受験に受かったら○です。それまでの努力が報われたのですから大いに自分を褒めてあげましょう。協力してくれた周囲の人たちへの感謝も忘れない様にしましょう。

でも、もしも受験に落ちたとしてもそれも○です。結果が出た以上そのまま受け止めればいいのです。いや、受け止めなければなりません。「なるほど、自分はここがベストの道だと思っていたが、本当は違っていたんだな」と捉えればいいのです。

逆に受かっていたら自分の人生は波乱に満ちていたのかもしれなかったと胸を撫《な》で下ろせばいいのです。それが事実かどうかは問題ではありません。あなたがそう思えればその結果は○となるし、いつまでもクヨクヨしていればその結果はいつまでも×の出来事で終わってしまいます。

そういう物事の捉え方が出来るかどうかで、その先を幸せに生きられるかどうかが決まるのです。もし、どうしても後悔が残る様なら精一杯の努力をして来なかった証拠です。その時は、その悔しさを教訓にして、次何かに挑戦する時には精一杯ベストを尽くす事を誓《ちか》えばいいのです。あるいは、再挑戦も一つの選択肢です。

一元観の考え方は人間関係においても大切な考え方です。AさんにとってBさんは大っ嫌いな人でも、Cさんにとっては大好きな人です。Aさんと居る時は嫌な奴でも、Cさんと居る時は良い人。つまり、Bさんは根本的に嫌な奴ではないのです。

「Bさんはダメだ」と安易《あんい》にレッテルを張るんじゃなく、「じゃあ何故BさんはAさんと居る時は嫌な奴になるんだろう？」と考えてみるところに理解が生まれ、人との調和が生まれるのです。もしかすると、嫌いだと言っているAさんにこそ反省すべき点があるのかもしれません。

「太鼓《たいこ》もバチの当たり様」と言って、太鼓は強く叩けば大きく響くし、弱く叩けば小さな音しか鳴りません。人間関係もこちらの接し方次第で相手の出方も変わるものです。

人を二元観で見ない事は争いの無い平和な世界を作る第一歩です。ある一面を見て、その人物のすべてを決めてはいけません。ここがダメなんだから全部ダメだろうと勝手に想像して決め付けないで下さい。

人の価値観は常に変化しています。『今日の敵は明日の友』という言葉がある様に、何事も決め付けてはいけないのです。あなたの嫌いなAさんを、人生の頼りに生きている人だっているのです。あなたを愛してくれる人、心配してくれる人がいる様に、あなたの嫌いなそのAさんを心から愛しているBさんだっているのです。もしかすると、あなたにとって大切な人がそのBさんかもしれないのです。

人は必ずどこかで繋がっている存在だという事も忘れないで下さい。「今の自分にとってAさんは価値観が違うから仲良くなれない。」そういう考え方はいいでしょう。「今の」が付いてる事、そしてAさんの存在自体を否定していないからです。いずれ双方の価値観が変われば仲良くなるかもしれないという柔軟な考えが含まれています。

Aさんを自分の気分や都合に合わせて○か×の二元観で判断せず、一元観で考えられている平和な心の状態です。

これが人間関係における一元観の見方です。

ものごとに善悪をつけない生き方

Q どうしても一元観で見れない人がいます。どうすれば良し悪しをつけずに見れるでしょうか?(45歳・女性・事務員)

A あなたの価値観で見てしまうと良し悪しがついてしまうのは当然です。

そんな時は、あなたとはまったく正反対の状況を想像し、もし自分がその状況だったらどう感じるのかを考えてみましょう。

例えば、あなたは健康おたくの友人Aがちょっとうざったいと思っています。それは今あなたは健康だからです。そんな時は、もし自分が病気になってしまったら…その状況で付き合うAさんをどう感じるのか?考えてみましょう。

人生何が起こるか分かりません。あなたが病気にならないとも言い切れないのですから、リアルに想像してみましょう。

おそらく、不安いっぱいのあなたにとってうざったかったAさんは色んな情報を持ってきてくれるありがたい存在になると思います。そう思えた時点で一元観になりましたね。Aさんを変えようとする必要はなく、自分の状況に合わせてAさんとの付き合い方と距離感を変えればいいのです。

心しだい
導信

【１０ピースの教訓】

Peace 2

半径《はんけい》１ｍ
「人に惑《まど》わされない」

「昨日の事はもう忘れよう」などとよく言いますが、円満な人間関係を日々築《きず》いて行く為には、もっと短いスパンで意識を変えて行かなければなりません。

半径１ｍとは、自分が直接関わっている世界との距離感を例えて言っています。１ｍのイメージは手の届く距離、目で見える距離、声が聞き取れる距離です。目の前にその人が居なくなれば、その人との関係は半径１ｍ外です。

円満な人間関係を築いていく為には、常に『半径１ｍで生きる』事を教訓にしなければなりません。Ａさんへの不満をＢさんに愚痴《ぐち》る事は完全にこの教訓に背《そむ》いています。過ぎた事をいつまでも根に持って人を責める事、後悔していつまでもクヨクヨする事もこの教訓に背いています。

どうしてもＡさんへの不満が募《つの》るのであれば、本人にきちんと意見を言わなければなりません。それが半径１ｍの生き方です。

職場での問題を職場内（職場の人たちと）で解決しようとするのは半径１ｍ以内の行動ですから、その行動は何かしらの形でいい結果をもたらします。職場への不満を他の場所に行って愚痴《ぐち》るのは完全に半径１ｍ外の行動です。愚痴った瞬間はスッキリするかもしれませんが、それでは何も解決しないどころか、負のエネルギーを出し続ける行為なので状況は必ず悪化していきます。

Ａさんの話をＢさんとＣさんがしています。それを聞いたあなたは、決してＡさんの印象をその会話から判断してはいけません。第三者を通した見方、意見というのは個人的感情がたっぷり入っています。半径１ｍ外で見聞きした大半の事は聞き流しておく事が懸命です。

私は会社の経営者でもあるので、社内で起きる問題はすべて報告が上がってきます。その時にこそ、私が実践しているのがこの半径１ｍです。報告をしてくれる人たちに悪気はありませんが、そこにはその人の見方、感じ方が入った状態で私に報告されています。誰もが感情を持っていますので当然の事です。

私はその報告から実際にその人の半径１ｍの話だけを聞く様にしています。それ以外の内容は小耳《こみみ》に挟《はさ》む程度に留めておきます。

半径１ｍ外の話の中に気になる事があれば、後日私が半径１ｍ内（電話するなり直接会って確認する）の状況を作り自分で確認します。

その報告自体が「こう言ってました…」「だと思います…」の様に、半径１ｍ外ばかりの話の時は、「半径１ｍの報告をして下さい」とその報告の仕方を注意します。

私たちが本当に生きていると言えるのは半径１ｍ内の世界です。半径１ｍ外の世界はもう現実ではないと思って下さい。あっちに行ってはこっちの話、こっちに来てはあっちの話、そんな事を繰り返している人は、常に本来生きるべき半径１ｍではなく、過去や虚像《きょぞう》の世界で生きていると言えます。

「話してみたら良い人だった」という経験は誰にでもあると思いますが、それまでその人とは勘違いや先入観のイメージ（虚像）と付き合っていた状態なわけです。

私たちは肉体が生きている存在ではなく、霊が肉体を使っているだけ。つまり、あなたの実態は『心』であり肉体では無いのですから、目の前に人物は存在していてもその人と心が通《かよ》っていないとしたら、単なる物体と一緒にいるのと何ら変わりはありません。

目の前に100人の人がいても、それは100体の物体の前に自分が一人存在しているだけの事です。そんな人生は虚《むな》しくないですか。

たった一人だとしても、心の通った人が目の前に一人いるだけで幸せな事です。

近年、SNS（ラインやフェイスブック）を使ってのコミュニケーションが当たり前になっています。それ事態は何も悪い事ではありませんが、電話帳の登録件数や『いいね』回数の多さをそのまま自分の友達の豊かさとしている事には感心しません。

その『いいね』件数の中で、本当にあなたと心が通い合っている人は何人いるのでしょうか？あなたがもし間違いを犯した時に、本気で叱《しか》ってくれる人は何人いるのでしょうか？

広い世界に100人の知っている人を増やすよりも、目の前に心の通う一人をつくる事の方が豊かな人脈と言えるのではないでしょうか。

あなたの実態は心

次のような質問を頂く事があります。「半径１ｍを実践するといつでも心に思った事を言わなければならないのですか?」または、「私は平和主義なので自分の意見を言って波風《なみかぜ》を立てたくありません。それでも言うべきですか?」などの質問を受けます。

決してその様な事はありません。思った事を何でもその場で言いなさいと言っているのではありません。「言わない」という選択をするのも一つです。

ただし、言わないと決めた以上、半径１ｍ外で愚痴る様な事をしてもいけません。

一つ一つの出来事にしっかりと『線引き』をする事が大切です。

ここで大切な事は「言えなかった」のも言わなかったと同じだという事です。最終的に言えない自分を許したのは自分だからです。もし言えなかった事に対して、わだかまりが消えず心を乱し続けている様なら、もう一度半径１ｍ内の状況をつくり、わだかまりを解くなり何らかの解決を探って行かなければなりません。

半径１ｍの状況をつくれない状況になってしまったのであれば、潔《いさぎよ》く忘れるしか方法はありません。

言えなかったのもそれを許した自分の選択です

Q 私の友人に何かと人を批判する人がいて、あまり気分がよくありませんが付き合いをやめる訳にはいきません。どうしたらいいでしょうか？（34歳・女性・営業）

A その人にも「半径１ｍの実践が心穏やかに生きる秘訣ですよ」と教えてあげてほしいところですが、まずは誰が何を言おうとも自分が半径１ｍを実践している事が大切です。

自分の心を乱さない様に、直接自分の目の前で起きていない事、あるいは直接自分がその本人から聞いていない事はすべて聞き流す事を意識して下さい。「ああ、この人はそういう風に見ているんだな」でも、「それが事実かどうかは別の話ですよ」と自分に言い聞かせて下さい。

常に自分の目の前で起きる出来事にだけ真実があると思って下さい。

人の「ここだけの話」には、大抵の場合その人の思惑《おもわく》が隠されているものです。巻き込まれない様にしましょう。

心穏かに

導信

【１０ピースの教訓】

Peace 3

言霊《ことだま》

「言葉は未来への予約」

言葉の持つ力については様々なところで実験されています。ある心理学の研究では、実験対象者Aさんには内緒でAさんの友人10名に協力してもらい、一人一人それぞれが偶然を装《よそお》い会ってもらいます。その時に必ず「体調悪いの？顔色悪いよ」という様な言葉をかけてもらいます。

すると、もともと体調は良かったAさんですが、2人、3人、4人と言われるうちに本当に体調が悪くなり、用事も切り上げ帰宅してしまったという事です。子供に対して「泣きそうだ、泣きそうだ」と言うと本当に泣き出してしまう心理と似ています。

また別の実験では、「ありがとう」などの優しい言葉の文字をコップに張った水と、「ばかやろう」などの汚い言葉の文字をコップに張った水を凍らせ、どの様な氷の結晶が出来るのかを実験した書籍が有名になりました。その結果、優しい言葉の結晶はとても綺麗に出来たのですが、汚い言葉の結晶はギザギザに壊れて結晶が出来ないという事が分かったそうです。

また、植物が好きな方ならご存じの方も多いと思いますが、普段から言葉をかけて育てた植物はとても元気に育ってくれます。花も鮮やかに長く咲き続けてくれます。同じ環境下でも、愛情をかけられずに育てられた植物は元気もなく細々としています。

また、言い争いの絶えない家に置かれた植物などはすぐに枯れてしまいます。これらの事からも、言葉は単なる音ではなくエネルギーを持っているという事が分かります。

この様に言葉は生きているという考え方から『言霊《ことだま》』と言われます。

さて、ここからが教訓になりますが、大切なのはその言霊の影響を一番受けるのは誰かという問題です。誰かの悪口を言って本人はスッキリしたとします。しかし、悪口に込められたマイナスの言霊に一番身近で触れているのはそれを発した本人なのです。

愚痴《ぐち》、泣き言、批判を言った後は一時《いっとき》スッキリしたつもりでいるでしょうが、マイナス思考から出る言霊の副作用を自らが受け、その後どれだけ様々な悪影響が引き起こされているのかを知ってもらいたい。言った本人は忘れてしまうかもしれませんが、発した言葉のエネルギーはずっと残ります。

エネルギーは強力な磁石《じしゃく》の様に、同じ種類のエネルギーをどんどん引き寄せます。愛のある言葉を使っている人は、周りの人からも愛のある言葉をもらっているはずです。愛の言霊のエネルギーが愛そのものを引き寄せるからです。

そうすると、街を歩いていても心がホッとする様な温かい出来事に遭遇《そうぐう》する様になります。感謝の言葉を多く使っている人は、また感謝したくなる様な事が起きます。逆に否定的な言葉を使っている人は、何かと批判したくなる様な事に多く出くわすはずです。

「何で私の周りばかりイライラする事が起こるんだろう！」とイライラしている人がいますが、まさにあなたのそのイライラを辞めない限りイライラする出来事は無くならないのです。

「こうなったらどうしよう、ああなったらどうしよう」と不安ばかりを口にしている人は、何かと不安定な生活を強《し》いられるものです。「あれはダメ、これはダメ」と批判ばかりしている人は、自分よりももっと批判精神の強い人を引き寄せます。そしていずれ自分自身が厳しく批判される立場に置かれます。普段使う言葉が現実を創っているという事を忘れないで下さい。

この原理を上手に活用すれば、起きて欲しい現実を引き寄せる事だって出来ます。あなたが引き寄せたい現実と同じエネルギーを持つ言葉を普段から意識して使えばいいのです。幸せになりたければ「幸せだなぁ」といつも言う様にしましょう。人に優しくされたければ普段から優しい言葉を使いましょう。もっと自信を持てる様になりたければ、自分に対して「大丈夫、自信をもって」と言葉に出して言い聞かせましょう。

万が一、心にもない事を言ってしまった場合、それがマイナスの言葉だったとしたら必ず言葉を取り消しましょう。取り消すまで言霊のエネルギーはあなたの現実に残るのですから、「さっきの～は取り消します」と言った後に、それとは正反対のプラスの言霊を発しましょう。これで帳消しです。

ここで一つ、よくある質問を紹介します。「プラスの言葉を使いたくても、マイナス思考の私にはそれをプラスには思えません…」。

そんな方でも大丈夫です。言霊のエネルギーは、あなたの気持ちをも変化させる力があります。「心にも無い事は言わない」と教えられた人も多いと思いますが、この場合、心に無くてもいいのでどんどん言って下さい。心に嘘をついてOKです。心が変わるのを待っていたら、あなたは一生プラスの言葉を使えないまま終わってしまうかもしれません。

改めて言いますが、言霊のエネルギーがあなたの心を変化させてくれます。今は本心ではないプラス言葉だとしても、それを使っているうちに必ず自然とプラスの言葉が出てくる様になります。

プラスエネルギーの言霊は、現実社会でプラスな出来事を引き寄せるだけではなく、あなたの心にあるプラス思考をもっともっと引き出してくれるのです。

何か問題が起きた時、とりあえず「ああ、また一つ学ぶ事が出来て嬉しいなあ」と口に出して言いましょう。そんな事を微塵《みじん》も思っていなくても結構です。とりあえず、言いましょう。大きな声で「ありがたいなあ」と。

誰かに「何が?」と言われたら、「何がありがたいか分からないけど、ありがたいなあ」ってね。

言葉通りの現実が起こる

Q 家族の中にいつもガミガミ怒鳴り散らしている人がいます。言霊のエネルギーが悪い事は分かりますが本人に言っても聞いてくれません。どうしたらいいでしょうか？（62歳・女性・専業主婦）

A 本人に自覚がなければ今すぐ直す事は難しいでしょう。そんな時は、その人から出された家の中を流れるマイナスの気（エネルギー）を少しでも浄化する事と、せめて自分の部屋の中にはマイナスの気（エネルギー）が入り込まない工夫をする事をおすすめします。

まずは、音のエネルギーで浄化しましょう。静かな音楽、ゆったりと流れる音楽、自然の音など、気持ちがリラックスする様な音を浄化したい場所に流しましょう。

自分の部屋にバリアを張る方法は様々ありますが、今回は水晶と植物を使った方法をお伝えします。質の良い水晶※を立ち上った胸のあたりの高さ（1.2ｍ位）で部屋の四隅に置いて下さい。

※質と値段は必ずしも比例しません。天然石であれば高額な水晶でなくても結構です。

また、葉の表面積が広い植物を部屋の中で育てましょう。その時、水の受け皿は常に綺麗にして下さい。

大きな
心で

導信

【１０ピースの教訓】

Peace 4

自灯明《じとうみょう》

「自分を信じる事の大切さ」

自灯明《じとうみょう》とは、自《みずか》らを灯《ともしび》とし、人生に明かりを照らしなさい。という意味です。戦国時代、死ぬか生きるかの瀬戸際《せとぎわ》で生きた武将たちは、常に生死に直結する選択を日々迫られていました。自分の選択一つで家族や大勢の部下の命が左右されます。

そんな時代には、人生の選択を他人に委《ゆだ》ねたりはしません。いや、出来ません。万が一、選択に誤《あやま》りがあり家族や部下を失う事になるとしたら、それこそ他人になど選択をさせる訳にはいきません。最後には、家族や部下を最も愛する自分自身が、悩み、考え、必死に絞《しぼ》り出した最善だと思う決断をするしかないのです。決断をした後は精一杯ベストを尽くして生きるのみです。

今のあなたにおいても同じ事が言えます。唯一無二《ゆいいつむに》、あなたにしか歩む事が出来ない大切な人生を他人に任《まか》せる事など出来るはずもありません。失敗も成功も自分で決断し歩んだからこそ、諦《あきら》めも出来れば、心から喜ぶ事も出来るのです。

まさにこの様な事を一言で言い表したのが『自灯明《じとうみょう》』という仏法の教訓です。

自《みずか》らを灯《ともしび》とし人生に明かりを照らしなさい。人ばかりをあてにしてないで、自分自身を頼りにしベストを尽くして生きて行く姿勢だからこそ道は拓《ひら》けて行くという事を忘れないでください。

この項目では、自分を信じる事の大切さ、自分は信じるに値《あたい》する存在なんだという事が分かってもらえたら幸いです。

最後の最後に自分を助けてくれるのは自分しかいない

魂の原理でも書いた様に、あなた自身が唯一無二《ゆいいつむに》の存在である以上、あなたの人生はこの地球上で誰とも比べられる事の出来ない特別なシンデレラ・ストーリーです。今、苦労の多い人生を歩んでいるとしても、それは人生の全体に彩《いろど》りを加えるスパイスになっています。波瀾万丈《はらんばんじょう》なストーリーこそ、最後のハッピーエンドが感動的になるものです。

少し話を脱線させますが、誰かの人生を羨《うらや》ましいと思っているとします。その一部分はあなたにとって理想だとしても、その他の部分ではあなたにとって耐えられない一面が必ずあるものです。かと言って、様々な人の良い所どりで寄せ集めた人生を送れたとしても、逆にそんなつまらない人生はありませんよ。何でも思い通りになる人生なんて、失恋話の無い恋愛小説を読んでいる様なものです。またはオリンピック選手が小学校の運動会で優勝するのを観戦する様なものです。感動もなければ達成感もない、味っ気《あじっけ》の無い人生です。

今波乱の多い人生を歩んでいる人にしてみたら、逆にそんな人生を望むかもしれませんが、現実そうなったとしても「幸せだな」と思えるのも、持って一年です。すぐに飽《あ》きて刺激が欲しくなります。

それは何故かと言うと、波乱の多い人生を歩んでいる人は、そよ風ぐらいの試練ではもう自分の魂が刺激されない事を知っていて、宿命に『波乱』というキーワードを入れて来ているからです。

人生の目的は一つ、『魂の向上』です。私たちはそれぞれにどうしたら魂が向上できるかを考えて人生の出来事を宿命付けて来ます。失敗だって宿命付けられた出来事の一つです。自分がどういうシチュエーションに置かれれば失敗するのかを自分が一番よく知っています。それを克服する為にあえてシチュエーションを用意しているのも自分自身です。失敗を克服するには失敗から学ぶ必要があるからです。

逆に考えれば、失敗するという事は、すでに克服する段階に来ているとも言えます。

いずれにしても、あなただからこそ出来る失敗があって、その失敗があってはじめて人生に彩《いろどり》を加えているのです。

失敗も大切な人生のシチュエーション

もう一つ、この話題にちなんで覚えておいてもらいたいのは、人生の困難は必ず克服出来る様に、すでにプログラムされて来ているという事です。魂の原理は常にプラスエネルギーから生まれています。失敗のままで終わらせる様な事は絶対にしません。必ず最後には解決の道が準備されているのですが、失敗のままに終わらせてしまう行為が自死《じし》です。

ですので、自死だけはしないで欲しい。希望は見い出せなくても、とりあえず生きているだけでもいいから、目の前に道が現れるまで待っていて欲しいと願います。必ず道は拓ける様にプログラムされている事を信じて下さい。

先に書いた様に、失敗のシチュエーションを決める段階で、それをどの様にして克服して行くのか、またそれに必要なアイテムやサポートも吟味《ぎんみ》して宿命付けています。途中で投げ出さなければ必ず克服する事が出来ます。そのサポートが必ずあります。

ただしあなた自身が投げ出してしまえばサポートのしようもありません。立ち止まってもいいです。時には後退してもいいです。でも決してあなたがあなた自身の人生を投げ出して（やけくそになる事、希望を捨てる事、自死※する事）はいけません。

※自死では人生をリセットする事が出来ません。ゲームの様にまた最初からやり直す事が出来ると思っている人や自分自身からも逃げてしまいたい人が自死を選ぶのだと思いますが、それは間違いです。あなたは何回死んでも消えて無くなる存在ではありません。

人生の目的は魂の向上です。学校でいう進級と同じです。今ある課題をクリアしなければ次のクラスには進んでいけないのです。どんな生き方にせよ、今世を終えない限り次の新しい人生はスタートされません。

あなたの学ぶべき課題が残っている限り、何度でも繰り返し同じシチュエーションに向き合わなければなりません。逆にうんざりしませんか?

だからこそ、カッコ悪くても何でもいいから今世（寿命）を全（まっと）うし、次の新しい人生を迎えた方がはるかに楽なはずです。

話がだいぶそれてしまいましたが、つまりどんな困難が訪れようとも、それはあなたがあなたらしく生きる為のエピソードの一つだという事です。たとえ転ぶ事があったとしても、自分で考え、決断し歩んだ結果の人生の方が潔《いさぎよ》く味わい深い。そういう生き方の方が、いずれ人生という修行が終わり故郷《ふるさと》へ戻る時に後悔を残さなくて済みます。

人生というキャンパスには、あなたにしか描けない絵があります。上手《うま》いとか下手《へた》という問題ではありません。そういう価値観は他人と比べるから起きる評価でしかありません。

あなたを導くのはあなた自身しかいない

あなたにしか描けない線があり、形があり、あなたにしか使えない色があります。
人生の最後、あなたはあなた自身で描いたそのキャンパスを見る事になります。
自分の人生は、自分で灯し、自分の足で歩んでいく。それが自灯明です。

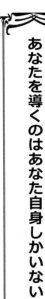

Q どうしても自分に自信が持てません。自分を信じるにも、これまで何か一つでも誇れる様な事をやり遂げた事もなく自分を信じられる要素がありません。それでも自分を信じる事が出来るでしょうか？（41歳・女性・販売員）

A あなたが自分を信じられないのは分かりました。実際そう感じてしまっているのですから仕方がありません。しかし、あなたを信じてくれる人は周りに居ますよね？家族でも、友人でも、職場の同僚でも、あなたの子供でもいいです。

あなたを大切に思ってくれる、その人の事は信じる事が出来ますね。

あなたが信じられる人が、あなたを信じてくれているのです。という事は、あなたは信じるに値する人間だと言うことです。

自分を信じてくれる、その人を信じる事が出来たら、もうそれはあなた自身をも信じている証拠なのです。「自分自身には自信がないけど、私の大切な人が私を信じてくれるから、私もそれを信じてがんばってみる」。そういう気持ちから始めましょう。

大切なもの一つだけ

導信

【１０ピースの教訓】

Peace 5

必然《ひつぜん》

「人知を超えた宇宙の営み」

魂《たましい》とか、霊とか、目に見えないものへの偏見をお持ちの方にとって、必然とは「水を飲んだらおしっこが出る」という例えを使うと受け入れやすいでしょう。

しかし、ここで言う『必然』とは、宇宙全体で起こるすべての出来事に必然性があるという前提で話をしています。物理的な必然性だけではなく、目に見えない出来事にも何らかの必然性の法則に則《のっと》って現実化しているという事を分かってもらいたいと思います。

本当の平和を望む時、この霊的な必然性を前提に考えなければ解決しない問題が多くあります。例えば、現在、自衛隊の活動範囲を巡る問題で世間は騒いでいます。政府の見解は1の力に対して2の力を持たなければ抑止力《よくしりょく》にはならないという物理的な考え方です。多くの先進国がこの様な考え方の元、現在では地球上に約一万六千四百もの核が存在する様になってしまいました。この数を保有する国の数は世界196ヵ国中たったの8ヵ国です。一部の国でこれだけの抑止力を持ったにも関わらず、戦争は無くなるどころか、さらに過激なテロ戦争にまで争いは拡大し続けています。物理的な考え方だけでは平和を目指す事が出来ないという事が証明されているのです。

そこで、霊的法則（魂の原理）に基《もと》づいた考え方への転換が必要になります。『霊的』と書くと、世間が持つオカルト的なマイナスのイメージがあって本来のニュアンスが伝わりにくいのですが、私たち人間は人間であるから生きているのではなく、もともと霊として生きている存在であり、学生が学校で勉強をする様に霊もまた地球と言う学校に来て勉強しているのです。本来、私たちは霊という存在だからこそ根本的な問題を解決する為には霊的法則を元に考えていかなければならないのです。

では、先程取り上げた戦争の例を霊的法則に照らして考えましょう。物理的法則で物事を考えた時、その結果を予測するには計算式を使います。1＋1＝2という正確な答えが出ます。

しかし、現実は計算通りに行かない事が多くあります。それは何度も言っている様に、霊的存在である私たちに一番影響を与えている力が霊的法則だからです。しかも、物理的法則は霊的法則の影響下《えいきょうか》にあるので、何らかの霊的な原因が加われば物理的な結果が変わる事はいくらでもあります。例えば、手を触れずに物体を動かす事は物理的法則では不可能ですが、現実にはいくらでもその様な実験が映像に残されています。

霊的法則に影響を与えられるものがあるとすれば、それは霊的法則のみです。つまり、霊的法則にイレギュラーな変化は起きないという事です。まさにオートマティックです。もしも、法律がコロコロ変わったらその国は成り立たないように、宇宙全体の秩序《ちつじょ》を保《たも》っている霊的法則自体が変わってしまったら大変な事です。私たちの存在そのものの根本が変わってしまう事になるからです。

それでは、なぜ物理的な力関係で戦争が無くならないかという理由を書きます。

結果の法則は『動機《どうき》』に基《もと》づきます。すべて動機次第です。簡単に言うと、愛から発した行動は愛を生む結果に落ち着きますが、恐怖から発した行動はさらに多くの恐怖を生むという事です。
力で抑《おさ》えるという行動の動機は何でしょうか?。そうです。恐怖心です。「やられたらどうしよう」、「自分よりも力を持ったらどうしよう」という不安、恐怖心からさらに多くの兵器を作らせるのです。そして、やられる前にやってしまえとなるのです。

動機がマイナス感情から生まれている以上、結果は必ずマイナスなものになります。それは歴史が証明しているはずです。

この法則を忘れずに、日常生活にもそのまま活かしていかなければなりません。今やろうとしている事の動機は何なのかをしっかり自己分析する必要があります。

動機が正しければ何らかの形で必ず結果は残りますが、物質的にどれだけ優位であっても動機が不純であれば良い結果にはなりません。たとえ一時《いっとき》成功を納《おさ》めたとしても、どこかで足元をすくわれる事になってしまいます。

霊的な教訓の中に本当の平和への道がある

それでは霊的必然性についてもう少し触れて終わりにしたいと思います。意図《いと》していない出来事、あるいは物理的に判断出来ない出来事はすべてが霊的原理・法則が働いた結果起こる偶然を装《よそお》った必然です。しかもそのタイミングは寸分《すんぶん》の狂いもありません。

私たちが望む理想の結果というのは、『形』ある目に見える結果です。頑張ってきた成果を今、形として実感が欲しいのは当然の感情です。望んだ成果が出た時には、それまでの道のりを感動的なものに変えてくれます。

しかし人生の目的である魂の成長という視点で見た時、いかに感情が刺激されたのかが最も重要なポイントとなります。

魂にとって良い経験とは、時に現実的な結果としては厳しいものになる場合もあります。魂を刺激する材料は嬉しい感動ばかりではありません。喜怒哀楽の感情のすべてが魂に刺激を与える材料になります。

人生で、魂に様々な刺激と経験を与える最終的な目的は何かと言うと、「すべての人を愛せる様になる」事です。体の弱い人に思いやりを持てるのは病気をした経験のある人です。例えば、それは今世だけとは限りません。前世で病気で苦しんだ経験をした人は、特に病人への愛に長《た》けています。今世が始まってから作られた頭脳にその記憶が無いのは当然ですが、霊本体にはその経験がちゃんと残っているから自然と慈悲《じひ》の感情が生まれて来るのです。その様な方が医師や看護師を目指すケースが少なくありません。楽しい経験だけでは思いやりのある人にはなれません。辛い経験をするからこそ人に優しくなれるのです。

その経験と併せて重要なのがタイミングです。今のあなたに最も適した『刺激』と『タイミング』が日常で起こっています。たとえ自分が望む結果が出なかったとしても、そこには必然性の意味、あるいは目的があって日常の出来事として現実化している事を思い出し、不平不満を言う前にその結果にはどんな意味があるのかをじっくり考えてみる事（内観《ないかん》）が大切です。

良い結果にしても、悪い結果にしても、その結果に捕らわれてはいけません。そこから自分がどんな刺激を受けたのかが重要なメッセージです。頭に来たのか、哀しいのか、嬉しいのか、やる気を失うのか、やる気が出たのか、その動かされた感情に意識を向け、今の自分の心の状態を見つけて下さい。

怒りは驕《おご》りがあるからです。もっと謙虚さを持たなければいけません。哀しみは見返りを求め過ぎているからです。誰の評価が無くても精一杯がんばった自分がいればそれで満足できるはずです。やる気を失うのは人と比べてやっているからです。何事も自分への挑戦です。未来の自分が成長し幸せになっていく為に、今日の自分に挑戦していると思えば人の評価はさほど気にならないはずです。

どんな感情の裏側にもその感情を刺激された原因が必ずあり、それが自分を成長させる為のメッセージとなっています。

細かい事を言えば木々の葉っぱ一枚が落ちるその動きにも、宇宙全体と連動した必然性があっての事です。この世はすべて必然的に起きている事ばかりです。偶然に不幸になっている人もいなければ、たまたまそこに出くわしたからアクシデントに見舞われているという人もいないのです。

今日の挑戦は未来の自分へのプレゼント

Q 私の子供は生まれつき障害を持って生まれました。時々辛くなり自分にも子供にもあたってしまいます。この子が障害を持って生まれたのも必然なのでしょうか？（39歳・女性・主婦）

A はい。その通りです。その子が母を決める時、同じ時代に生きる事を決めた人であれば世界中の女性誰でも良かったのです。地球には現在70億人以上が暮らし、その半数が女性だとしても35億人の中から選んだたった一人の母があなただったのです。

あなたは自分を責めているのではありませんか？もし自分が母親でなかったなら、この子は障害を持たなかったのではないか…もっと幸せに暮らして行けるのではないか…そう思っているのではありませんか？

その子が宿命を決める時、障害を持つという大きな挑戦をするにあたり、特に親を決める作業は真剣勝負です。一人では生きていけない人生ですので、最後まで人生を共に歩んでくれる人でなければなりません。立派な人を選んだのではなく、共に人生を歩んでくれる人を選んだのです。

あなたを心から信頼しているからこそ自分の人生を委ねる事が出来たのです。

子供も一緒に乗り越えようとしていますので、お互いを信頼して一歩ずつ歩んで行きましょう。

心を
あずけてみよう

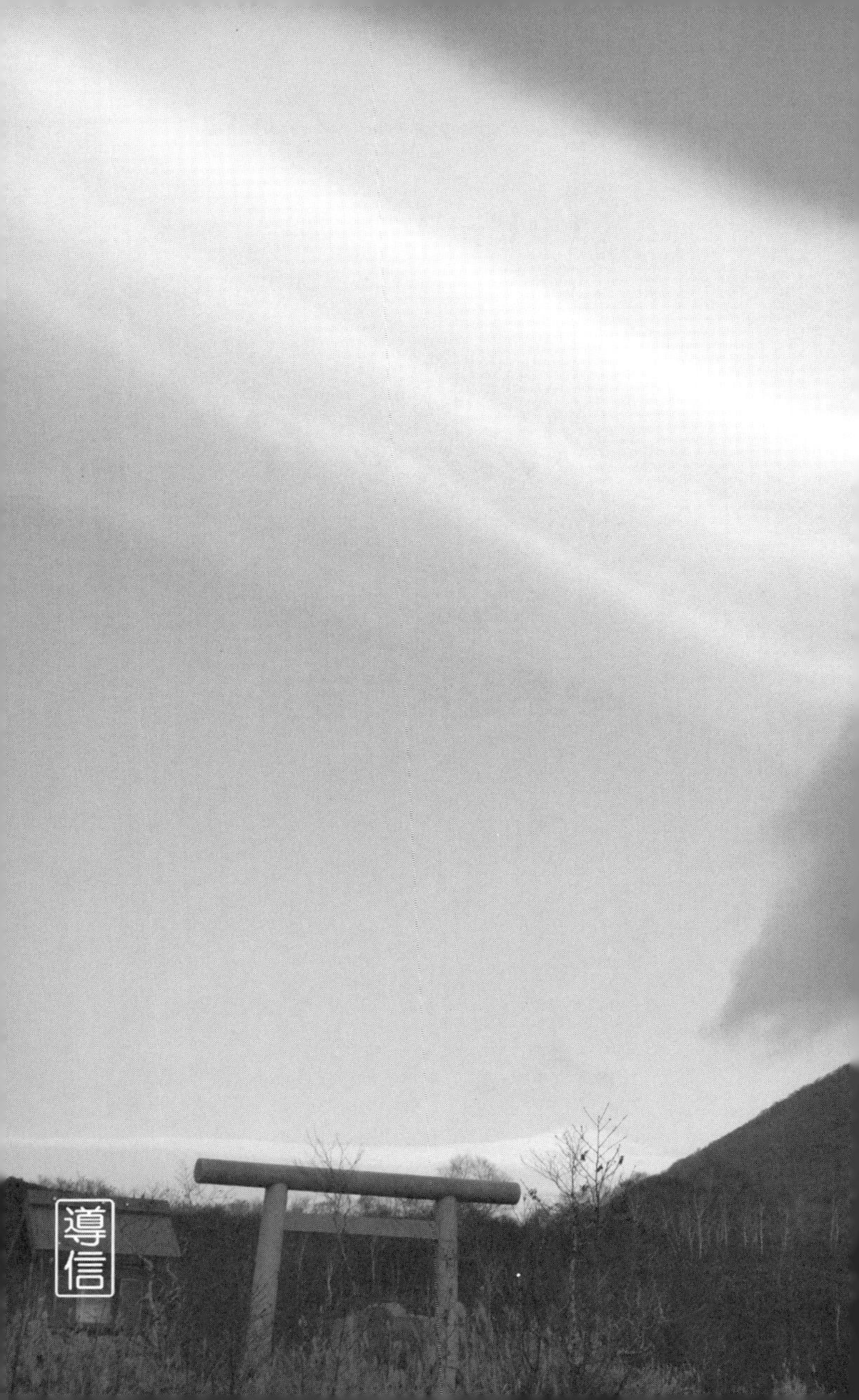
導信

Throw away the obsession

【１０ピースの教訓】

Peace 6

無常《むじょう》

「執着を捨てる」

無常とは「常《つね》は無い」と書く様に、ものごとが常に同じ状態で固定化される事は無いという事を言っています。無常という宇宙の原理を知り、これを受け容れる事が出来たら「究極のプラス思考」になる事が出来ます。

私自身、この無常の原理を知っているので究極のプラス思考です。しかし、何でもかんでもイケイケの猛進《もうしん》的なプラス思考という意味ではありません。何かに挑戦し手に入れた「それ」も無常だという事を知っているので、いつか失う覚悟もまた持ちながら手にしているのです。

失う恐れではありません、覚悟です。

「それでは手に入れる意味が無い！」と言いたい人もいるかもしれませんが、それは執着心が強いからそう思うのです。永遠ではない事を知るから今を大切にできるのです。もし永遠に囲まれて生きるとしたら、それは恐ろしく退屈な人生になる事でしょう。

いずれ自分から離れた「それ」は、次に必要としている人へと移動し、自分にはまた次の「それ」がご縁してくるというのが『無常の原理』です。もちろん、自分が求めていなければ次のご縁は生まれませんから、失うものがあったとしても失望せずにまた次のご縁を求めて下さい。

そうやって、どんどん良いご縁に発展して行く事をイメージして下さい。現に人生は必ず成長の道を辿《たど》っています。後退しているかに思える時でも広い視野で見れば必ず前に進んでいます。

ものごとは常に変化し続ける『無常の原理』

では、長年添《そ》い遂《と》げる夫婦などのご縁はどうなのか？という事について説明します。何度も言いますが、人生の目的は魂の成長です。ご縁は常に双方《そうほう》の魂の成長に寄与《きよ》しています。心地良い人間関係も、そうでない人間関係も、どちらもお互いの魂の成長に貢献《こうけん》し合っています。夫婦が長年添い遂げられるのは、お互いがおおよそ同じスピードで成長しているからで、お互いの魂の成長に貢献し合える関係だからご縁が切れないのです。

もしお互いの成長に貢献し合えないどころか、成長の妨《さまた》げになる様であれば必ずそのご縁は切れます。そんな時は、それまでの情に捕われる事無く「もうこの関係を続けていても魂の成長はないのだ」と気持ちを切り替えて新しい人生の一歩を踏み出す事も必要です。もちろん、簡単に離婚を勧めているのではありません。多少の問題が発生しても夫婦で力を合わせて乗り越える最大の努力をする事が大切です。

とても重要な事を書きますので覚えてもらいたいと思いますが、これらすべての原理・法則は、閻魔大王《えんまだいおう》の様な誰かが指図《さしず》して起こしている現象ではありません。この章だけに限らず、原理・法則というのはオートマティックです。宇宙、大自然、霊魂《れいこん》の営みの中に組み込まれているシステムが常に作動しているだけの事です。特に自分が望まない状況変化が起きた時、誰か個人のせいにするのは単なる被害妄想《ひがいもうそう》です。

原理・法則を動かせる人間はいません。誰かのせいで状況が一変してしまったのではなく、状況変化の中で誰かがひときわ目立っただけの事です。私たちの考えには到底《とうてい》及ぶ事の出来ない壮大《そうだい》な原理・法則が粛々《しゅくしゅく》と繰り返されている事を忘れないで下さい。

状況変化とは原理・法則のシステムの作動

そして、変化を恐れないで下さい。変化の後、より人生が好転する事が証明されるなら誰もが喜んで変化を受け容《い》れます。病気だってその後に人生が大きく好転するなら喜んで受け容れられるはずです。

しかし、未来が分かった状態で人生を歩んでも何一つ勉強にならないから、あえて今の私たちには未来が見えない様にしているのです。

ここで変化への不安を取り除く為に『宿命』について説明します。読んで字の如《ごと》く、命に宿っていると書きます。つまり人生をスタートする段階で既《すで》に確定している人生のプログラムです。もちろん、それは自分自身で決めて来ます。宿命は実に具体的に決めてきます。本書では詳しく触れませんが、自分の意思や努力ではどうにも出来ない状況はおおよそ宿命で決めています。

生まれた年代、国、親、性別、先天的な身体の特徴、寿命などは自分の努力では変える事が出来ず、しかも人生に大きな影響を与えます。この様な事はとても重要な事なのであらかじめ自分自身で宿命として決めてきます。

ここで次の様な質問を受ける事があります。「寿命も宿命なら、治療や予防は意味がないのですか？」

もしも、一切寿命を短くする要素の無い人生を送っているのならそう言えます。しかし、そんな人間は一人もいません。人間の肉体自体は120年はゆうに使えると言われていますが、それはストレスゼロ、食生活100点、適度な運動100点、心のあり方100点満点の人間なら可能性はあると思います。でもそんな人間がいたら、すでに人間の修行を卒業している事になりますね。

治療や予防で寿命を延長する事は出来なくても、本来決めて来た寿命を全うする為には大いに貢献出来るでしょう。

もし、宿命で決めたであろう今の環境に納得が出来ない人は「なぜこんな環境を自らの宿命に決めたのか？」を考えて欲しいのです。そこにあなたの人生の大きなテーマが隠されているからです。

大事なのは自分自身で考えてみる事です。安易《あんい》に誰かに聞いて廻るのではなく自分自身と向き合う事が大切です。

似た意味で使われる言葉に『運命』があります。これも読んで字の如《ごと》く、命が運ばれる様《さま》が書かれています。つまり人生が常に動き変化しているという事です。宿命と運命を登山に例えれば次の様になります。宿命はあらかじめ決めた山です。高く険しい山を選ぶ者、長く緩やかな道が続く山を選ぶ者、人それぞれ十人十色です。

山が決まれば、おのずとそれに必要な時間やメンバー、装備などの登山計画が決まります。人生ではそれが寿命や家族、身体などにあたります。

さて登山口に着いたらいよいよ運命が始まります。運命とは、どのコースを辿り山頂へ目指すのかという事です。

途中で景色を楽しみたいと思えば、コース変更し楽しむのもＯＫです。少し前の景色をもう一度見たいと思えば一つ前の分かれ道まで戻るのもＯＫです。途中で出会う他の人たちと一緒に歩むのもＯＫ、途中で離れて歩くのもＯＫです。どんなコースを、どんなペースで、誰といつまで歩くのか、それはあなたの自由意思だという事です。

いくらコースを変えてみたところで、登っている山は同じです。つまり、現実（運命）をいくら変えてみても、人生（宿命）そのものが変わる事は無いのです。

ここで大切なのは、人生に変化を起こす事を怖がらないで欲しいという事です。急に現実に変化が訪れた場合でも不安や執着を持たずに、新しい登山コースを進む事でこれまでに見た事のない景色を楽しみに前向きに歩んで行って下さい。今は少し不安でも「ああ、こっち来て良かった」と思える日が来ます。

その様にして誰もが常に変化し続ける運命を持って生きているので、出逢いも、現状も、未来も変わり続けて当然だという事が分かると思います。まさにすべてが変化し続けているので、人生は『無常』だという事が分かります。

無常を知るからこそ、心から『今』を大切にできるのです。

Q これまで頑張ってきた仕事（部署）を急に変えられました。これまで頑張って来た事が無駄に終わってしまい、また次も同じ様な事があると思ってしまい新しい仕事への意欲も湧きません。どうすればやる気が出るでしょうか？（45歳・男性・管理職）

A まさに無常を経験された訳ですね。仕事にはそれぞれ役割分担がある様に、魂にも役割分担がります。人生は一人一人の魂の修行とこれまで申して来ましたが、最終的には地球人類全体の霊格の向上を目指しています。その為に、それぞれの魂が得意とするもの、苦手とするものをみんなでシェアしながら学び合い、助け合い、支え合っている関係です。

結論から言うと、あなたの役割がその場所では終わったのです。あなたの魂の成長がもうそこには無くなったのです。何か問題があって辞めさせられた訳ではなく、本人が悔しくなるほど頑張ってきた仕事が急に変わってしまったのです。次なるステップアップに向けて運命が動いたのです。

慣れた場所で、気心知れた仲間との仕事は楽しいはずですが、人生そのものの目的は「新しい経験を積む事」です。そして無常の原理が目の前で働く時、それはステップアップの時だと考えて下さい。

今よりももっとやりがいのある仕事が待っていますので、これまでと変わらぬ気持ちで仕事に向かって下さい。

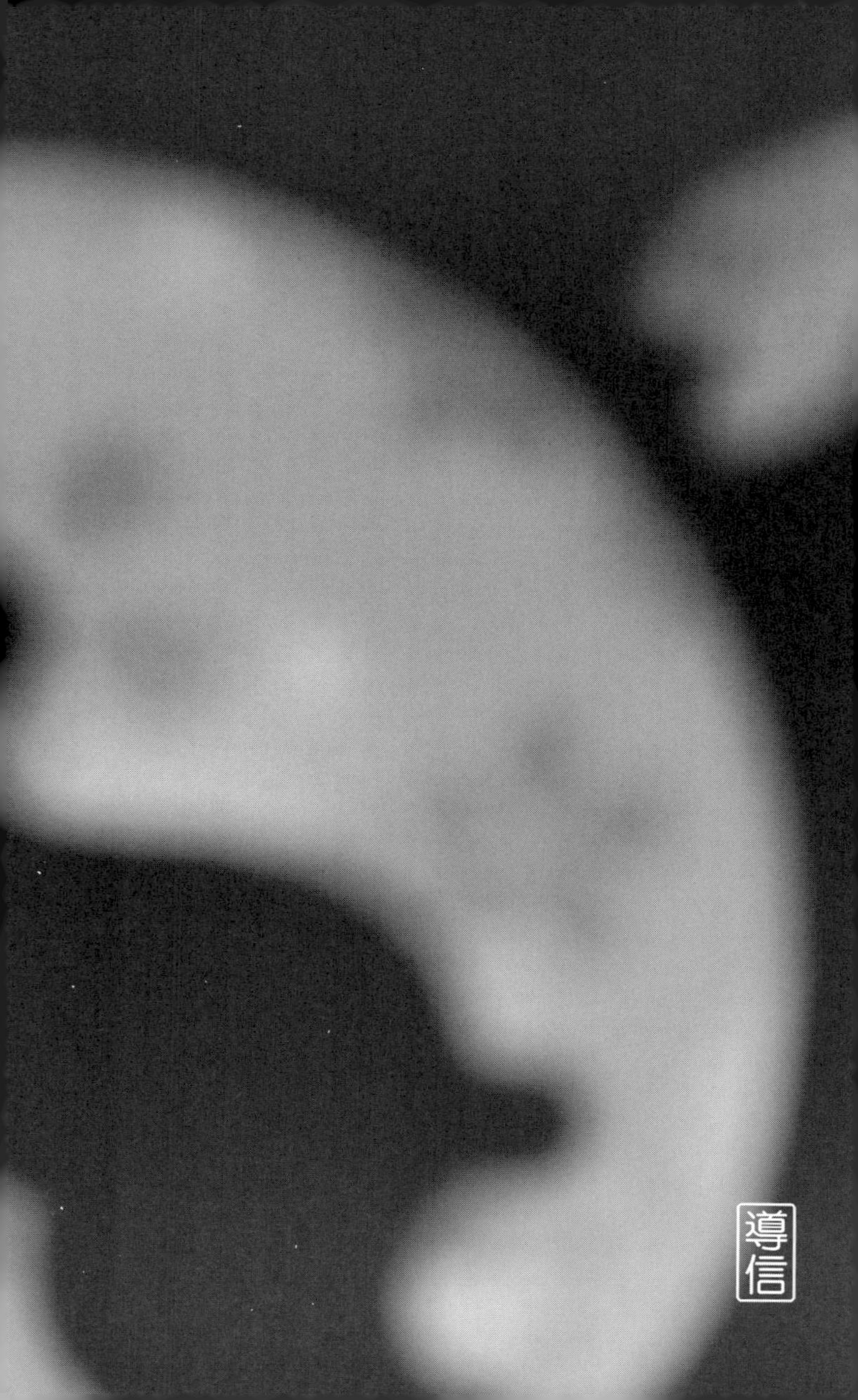
導信

ゆっくりと
のんびりと

【１０ピースの教訓】

Peace 7

釈迦《しゃか》の化身《けしん》
「すべての人に感謝する心」

お釈迦様《しゃか》は、別名釈尊《しゃくそん》ともブッダとも呼ばれますが、根本仏教（現在様々な宗派に分かれて行われる宗教ではなく、人生の苦難を克服する為の生き方を伝えた仏教哲学）の教科書になっている約２５００年前に実在した人物です。

私も根本仏教の考え方に賛同していますが、ここで言う「釈迦の化身」の釈迦とはまさにお釈迦様の事を指して言っています。

お釈迦様は長い修行の末に自ら悟りを拓いた方ですが、その後は人生に悩む多くの人々に本当の幸せの意味を説いてインドやスリランカを行脚《あんぎゃ》していました。

私は実際にお釈迦様が修行した場所へ行き、その時代に想いを馳せながら手を合わせて来た事がありますが、今でもお釈迦様を慕《した》い修行している方が数多くいます。その方達にとってお釈迦様は願いを叶えてくれる仏様《ほとけさま》ではなく、自分の魂の向上を先導している指導者なのです。

ここで取り上げる教訓も、魂の向上を助けてくれる人という意味で『釈迦の化身』と例えています。

実は人生の中で私たちの魂を向上させてくれるのは、目標となる素晴らしい人物だけではありません。「この人さえいなければ私の人生はハッピーなのに…」なんて思ってしまうその人物もまた釈迦の化身なのです。あなたにとって尊敬できる人、そして反面教師とも言える人、その両方とも釈迦の化身です。宗教によってはこれをキリストの化身と置き換えても神様の化身と置き換えても構いません。

要は、あなたの魂に刺激を与え、成長を促《うなが》す存在はお釈迦様やキリストと同じくらい尊い存在だという事です。もしもその化身がとても理不尽な人なら、あなたの正義感を育てる使命をもって遣《つか》わされたのかもしれません。間違っても相手を恨《うら》んだり皮肉《ひにく》ってはいけません。もしその様な感情でイライラしているならば、心が乱されてしまっているあなた側にも問題があるという事です。その理不尽な相手から学ぶべきものが一つも無くなったとすればその人とのご縁はいずれ消えて行きます。

いくら避けようとしてもご縁が切れない人がいるならば、その人からまだまだ学ばなければならない事があるという意味です。あるいはその人との関わりの中で自分自身の中に乗り越えなければならない未熟な感情があるという事です。

尊敬できる人が目の前に現れた時は、お手本としてしっかりと学び自らも挑戦して魂の向上を目指すチャンスと受け止めてご縁を大切にして下さい。自分と馬の合う人だけで生活をしたいと願っているかもしれませんが、それでは魂の成長は望めません。

何の為に生まれて来たのか今一度その目的を考えてみれば、自分に気づきを与え成長を促《うなが》してくれる釈迦の化身は大変ありがたい存在です。

神様はあなたの成長を促す為に適材適所の人材を遣《つかわ》す

ここまでは日常で日々関わって行く釈迦の化身、つまり『運命の釈迦の化身』を書いて来ましたが、人生を通して学びを深める為に、あらかじめ決めて来た『宿命の釈迦の化身』もいます。それが家族です。家族は皆『宿命の釈迦の化身』です。

ここでも重要な魂の原理を覚えておいて下さい。魂に優劣《ゆうれつ》を付けられるとしたら、それは『霊格』が高いか低いかのみです。年齢や地位、年収の高さや容姿《ようし》の見た目などが魂の優劣《ゆうれつ》に影響を与える事はありません。

ですので、親よりも子の方が霊格が高い場合も少なくありません。そんな親子では、小さな子供がお母さんをいつも気遣っている光景が微笑ましいです。時に子供の自律を妨げてしまっている親もいますので少し問題がある場合もあります。

そういう親の多くは自分の言う事を聞いて欲しいが為に『親の権利』を主張しがちです。そんな場合は親子の関係ではなく、人対人という関係を重視するととてもいい関係が築けると思います。

会社の中でも、社長よりパートのおばちゃんの霊格が高い場合もあります。上司よりも部下の方が数段霊格が高い場合も少なくありません。もちろん、現実社会の地位と霊格が伴《ともな》っている場合も多くあります。

家族は学び合う事、そして助け合う事を約束し今世をスタートしています。特に家族というのは近い存在であるがゆえにお互いの未熟な部分が遠慮なく出てしまいます。一番痛いところをついて来る存在でもあります。まさに、それぞれが最も磨《みが》かなければならない魂の未熟さが浮《う》き彫《ぼ》りになると言えます。運命の釈迦の化身、宿命の釈迦の化身、いずれにしても私たちが日々悩む人間関係というのは、最も魂の向上を促《うなが》す存在なのです。悔しい想いをさせられたら、ナニクソ根性を引き出してくれて感謝。頭に来る事をされたら、冷静さを鍛えてくれる存在に感謝。哀しい想いをさせられたら、思いやりの大切さを教えてくれて感謝。

どんな釈迦の化身が現《あらわ》れようとも、一歩上手《うわて》の自分で切り返して全部感謝に変換していきましょう。そのうち、必要が無くなれば釈迦の化身は現れなくなります。

ただし、一つだけ気をつけなければならない事があります。何度も何度も繰り返す人間関係の問題がある場合、そこから学ぶべき事を学んでないから繰り返し問題が再来している可能性があります。

同じタイプの釈迦の化身が繰り返し現れる場合は、もっと真摯《しんし》な気持ちで自分の改善点を見つめ直し改めていかなければなりません。

でなければ、「これでもまだ気づかないのか…」とばかりに、更に強力な釈迦の化身を遣わされる事になります。

家族は宿命の釈迦の化身

Q 私は器用な方で大概の仕事をそつなくこなせるのですが、私の周りには要領の悪い人ばかりです。決して自分を高飛車《たかびしゃ》に思っている訳ではありませんが、自分が1時間で出来る仕事を何時間もかかっているのを見るとイライラします。なぜそういう人ばかり私の周りには多いのでしょうか？（48歳・女性・商社勤務）

A 何でもそつなくこなすという事は、それだけ日々努力しているからこそ身に付けた器量だと思います。そんなあなたから見たら、要領の悪い人は普段の努力が足りない様に写ってしまうかもしれません。ついつい自分と比べてイライラしてしまうのでしょう。特に仕事となるとあなたは普段よりも厳しくなりがちなのではないでしょうか？

それは、あなた自身が学びのテーマ（p44図②）を『仕事』に選んで来たからです。つまり意気込んで来たからこそ、仕事という環境で感情を乱される事が多くあるのです。プライベートでは寛大《かんだい》になれるのに、仕事となると我慢できない…。それはあなたにとって、もっとも感情のコントロールが難しい事を使ってあなたを鍛えているからです。まさにあなたの弱点を突いて来ている、それが釈迦の化身です。

という事は、感情的にならずに何度も根気よく仕事を教え、みんなのスキルアップをお手伝いする事、つまり『育成』があなたのテーマ（修行）だという事です。

みんな
ありがとっ

導信

All life is self-responsibility

【１０ピースの教訓】

Peace 8

因果応報《いんがおうほう》

「人生はすべて自己責任」

因果の因《いん》は『原因』の因、因果の果《が》は『結果』の果です。そして応報は報《むく》いに応《こた》えるという意味です。つまり、「結果には必ず原因があり、その原因と結果によって報《むく》いが決まり応《こた》えが返ってくる」という事です。

私たちの人生では、毎日毎分毎秒、因果応報が途切れる事無く繰り返され、今日の結果もまた明日の原因となり次の結果をつくっていきます。因果応報は私たちの生活に一番密着したエンドレスに繰り返される原理・法則とも言えます。

この原理が分かれば、自分の目の前で起こる結果を分析する事で、自分の生き方が正しいのか間違っているのかを自ら確かめる事が出来ます。目の前に広がるあなたの現実は、これまでのあなたの生き方をそのまま映し出しています。それは因果応報が人生の原理・法則だからです。決して、誰かのせいだけで人生が狂っているという人はいません。

たとえ特定のある人物によって大きな影響を受けたにしても、その人との出逢いには因果が関係しており、その人との縁を継続している事にも因果が関係しているのです。つまり、引き寄せ合っている何らかの原因があるのです。

今納得できる人生を生きているのなら、これまでのあなたの生き方はそう悪くはない証拠です。今よりもさらに有意義《ゆういぎ》な人生を目指して人生を謳歌《おうか》して下さい。また、自分がある程度満たされているのなら、その余裕のある部分を誰か人の為に使って下さい。

もし、今現在自分の人生に納得が行かないという人は、どこがどの様に納得がいかないのかを明確にし、原因と結果をしっかりと分析して下さい。例えば夫婦関係において満たされてないという不満があるとします。「相手に満たされる」という結果が欲しい訳ですから、まずはその原因を作らなければなりません。つまり「相手を満たしてあげていますか?」という分析結果になる訳です。

明日の結果を変える為には、まずはどんな原因を今日から作って行けばいいのかを考えていきましょう。　人生を変えたい時、いきなり黒から白に変えたいといってもそれは現実的に難しいと思います。

まずはほんの小さな事でいいので、気付いた事から、出来る事から一つ行動に変化をつけてみて下さい。意識や行動が変わると、それがどんなに些細《ささい》な事でもその分だけの変化が必ず起こります。最初は誰にも気づかない様なほんの小さな変化かもしれません。でも必ず変化は起きます。そこを見逃さないで下さい。

どんな事に意識したらどんな変化が起きたのか？

どんな行動をしたらどういう事が起きたのか？そこを分析しながら行動していくと、あなたの人生での因果応報のパターンが必ず発見できるはずです。パターンが分かりだしたら、あとはその原理を使って自分の意思で人生をどんどん好転させる事が出来ます。

しかし、焦《あせ》らないでください。これまで何十年と繰り返して来た因果が昨日今日でガラリと変わる事はありません。でも確実に変わっていく事は信じて続けてください。

因果応報は受け身の原理ではありません。自分から積極的に活用して人生をコントロールできるものなのです。

人間関係は特に、あなた自身の魂を鏡《かがみ》の様に映し出していますので謙虚に分析する事が大切です。あいつはダメだという前に、ダメなやつと付き合う事になっている自分には、どんな意味や学びがあるのだろうと分析するべきです。まったく何の接点もない人と人間関係は出来ないものです。

人に優しくされたかったら、その結果をつくる為に、まずは思いやりを持った行動を取るという『原因』をつくらなければなりません。その原因が積み重なって来た段階で、あなたが誰かから優しくされるという結果が生まれます。

自分が欲しいものは、それを必要としている誰かに先に与える事が最も賢《かしこ》く、スピーディーな因果応報の積極的な使い方です。

因果応報の原理を使って人生を好転させる

また、因果は今世生まれてから始まっているものだけではありません。前世でまだ完結していない因果がある事も忘れないで下さい。前世で完結していない因果は、人生が始まった瞬間《とき》から引き続き作動します。

多くの場合、まだ人生が始まって間もない頃（幼少期）に降りかかる試練は、前世から持ち越されてきた因果の場合が多くあります。時に、幼い子供に降りかかる人生の試練が不幸に思えますが、本人に全く関係のない出来事は決して訪れませんので、それは前世から引き継いで来た何らかの因果が関係している事があります。

または、何らかの使命や役割を持って宿命を決めてきた可能性があります。これは一言では説明出来ない複雑な事です。短命な人を見た時も、そもそも『死』とは不幸な事ではない事を前提に考えてもらえれば、人生の長さが幸不幸の尺度《しゃくど》にはならない事が理解出来ると思います。

今世で完結しない因果は来世に持ち越される

少年時代、たくさんの人に迷惑をかけてしまった私が「このままではいけない」と思い、生き方を大きく変えたのも、今世の因果を来世まで持ち越したくはないからです。人に迷惑をかけてしまった因果は、誰かの役に立つ事でしか清算《せいさん》する事が出来ません。だから今私は一人でも多くの人の役に立ちたいと思っているのです。

もちろん、それだけの理由で慈善事業《じぜんじぎょう》をしているのではありませんが、現在持っているいくつかの会社を私物化《しぶつか》しようという気持ちが無いのは、その様な根底があるからかもしれません。いずれ因果が清算され＋−0《ぷらすまいなす》になった時からは徳積みの人生に変わるので、そこから私は大きく成長出来るのだと思います。

そしてこの世を去る時、残していく家族や仲間に胸を張って故郷（霊界）へ旅立ちたいと思うし、故郷（霊界）で待つ魂の家族にも胸を張って再開したいと思います。

それを考えると日々の頑張りもとても楽しくなります。

因果は自ら率先《そっせん》して清算する事も出来る

ここでもう一つの因果の原理をお伝えし終わりたいと思います。因果は原因を作った者に結果が問われる事はもちろんですが、その結果は身近な人たちにも影響してしまう事も忘れてはいけません。特に魂の関係が深く繋がっている家族への影響は大きいです。

分かりやすく現実的な例を挙げると、親の七光《ななひか》りです。親の功績は、子や孫の信用にも大きくプラスになりますし、逆に親が社会的信用を失えば家族の信用も失う場合があります。それが魂の原理にも同じ事が言えます。

魂の原理は常にプラスの作用です。家族というのは、共に学び合う約束を結んだから家族として今世をスタートしています。子は親を選び、親は子を選んでいるのです。兄弟姉妹も大抵の場合同じです。親の学びは子の学びであり、子の学びは親の学びです。そうやって学びを深めていく存在が家族です。

それがゆえに、家族の誰かが背負う因果は家族全員の因果でもあるのです。それはトバッチリを受けていると思わないで下さい、学びを共有しながら魂を磨き合っているのです。

ただしかし、成長になるとは言っても大切な家族にあえて自分のマイナス因果を押し付けたい親などいません。家族を大切にするという事は、自分の人生に責任をもって正していくという事です。

例えば、夫婦になるという事は新たに家族になるという事です。

すでに説明した様に、家族というのは因果を共有する関係です。お互いの成長をより高め合うために運命を分け合います。相手がいなければ得られない感動や喜びがあります。

そして時には、苦しみや悲しみもあるかもしれません。

しかし、そのどれもがお互いの魂の磨き合いになっているのです。お互いの宿命と運命を共有し合う関係が夫婦です。なので、プラスの因果だけではなく、マイナスの因果もお互いに担《かつ》いで人生を歩む覚悟が無ければ、最後まで添い遂げられるのは難しいかもしれません。

いずれにしても大切な事は、自分には関係のない因果が降りかかって来たと思っても、それは必ず自分にも多少なりの関係があるという事を謙虚に受け止め、前向きに現実を乗り越えて行く事が大切です。

前向きに乗り越えようとしている」、その姿勢もまた次のプラス因果をつくっている事を忘れないで下さい。

結果ではなく、それに向かっていく姿勢が一番重要です。

家族の因果は家族全員で共有する

Q 私は人のお世話をするのが好きで、よく相談に乗ったり、私なりに手助けしてあげます。ただ、最近は私はただ利用されているだけなのではないか、人助けばかりしていても無駄なのではないかと思ってしまいます。間違っているでしょうか？（53歳・女性・販売員）

A 人のお世話をする事が好きなあなたの魂が優しい事に間違いはありません。しかし、その様に考えてしまっているという事は、あなたは自分の優しさに対して何らかの見返りを求めているからです。

それは自覚があるか無いかは分かりませんが、無条件の優しさというのは相手の反応や見返りがまったく気になりません。自分が優しさを与えられる事に対して喜びがあるからです。与えれば与えるほど無条件に自分自身の心が満たされるものです。逆に自分の優しさを表現させてもらえる事に対して相手に感謝の気持ちすら湧いてくるものです。

利用されていると思うのは、自分だけが与えているという意識があるからです。

無駄だと思うのは、自分には何も得が無い様に思っているからです。

あなたの優しさは、いずれ深い愛に変わっていきます。無駄だと思わず、惜《お》しみ無く人の為に尽くして下さい。深い愛を手にした時、一番幸せなのはそれを与えてもらっている人ではなく、それを手にしたあなた自身なのです。

おひさま
みて
歩こう
導信

【１０ピースの教訓】

Peace 9

心眼力《しんがんりょく》

「心をきれいに保つ」

心眼力とは、心《こころ》の眼《め》と書く様に、単に目に映っている視力の良し悪しではなく「何を見るのか」を決める心の眼力《がんりき》です。

私たちは毎日色々なものを目で見て生きています。見たいものも見たくないものも実に様々なものが目に映り、それを脳で認識し感情が生まれていきます。これは物理的な認識のメカニズムですが、実は目に映ると同時に「心のフィルター」を通っているのです。

心のフィルターを通過する時に目に映るものと映らないものが振り分けられています。

ここである例えを挙げます。Aさんに公園を散歩してもらい、その感想を聞きました。Bさんにも同じ公園を散歩してもらい感想を聞きました。Aさんの感想は、犬が沢山いてフンが落ちていた事や、花壇の花が多すぎて統一感が無かった事など、公園の至る所のマイナス点を批判するものでした。Bさんの感想は、普段あまり見る事のないかわいい犬が沢山いて癒された事や、様々な種類の花が見られて綺麗だった事など、公園の良い所を褒めるものでした。

見ている光景は二人とも同じですが、感想はまったく正反対のものになりました。これは普段からそれぞれがどの様なものに意識を向けて生きているのかを表す結果です。

つまり、どんな心のフィルターを持っているのかによって、最終的に「見た」と認識するものが変わるという事です。Aさんは普段から批判するクセがあり、Bさんは普段から長所を見つけるクセを持って生きていたのです。この二人には映画を見せても同じ様な結果が出てしまいます。

目に映る所までは誰でも同じ光景を見ていますが、それを「どう捉《とら》え」「意味付け」していくのかによって、今日過ごした時間が有意義《ゆういぎ》な時間にもなれば無駄な時間にも変わってしまいます。

心眼力とは幸せを見つける力、幸せを認識する力です。これが公園の散歩や映画で終われば大した話ではないのですが、人生そのものを左右するほど決定的に幸不幸を決めてしまう事でもあります。

同じ職場にいても、同じ家族の中でも、同じ日本に住んでいても、それぞれの心眼力によって人生そのものの価値が変わってしまいます。

心眼力とは幸せと認識できる心の力

心眼力は自分自身に対しても大いに発揮して下さい。出来なかった事をほじくり出しクヨクヨする必要はありません。それは心眼力の低い人のものさしです。出来た事をしっかり褒めてあげて下さい。失敗しても挑戦できた自分を褒《ほ》めてあげましょう。

器量は人それぞれです。野球のうまい人だって歌の音痴《おんち》な人は沢山います。仕事がバリバリ出来る人でも子育てが苦手な人もいます。

ダメな所ばかりを見つけてしまう人は心眼力が低い人です。心眼力が低い人は、どんなに環境に恵まれても幸せだと感じる事が出来ません。幸せだなと感じられるものを見つける意識、綺麗だなと思えるものを見つける意識、すごいなと思える事を見つける意識、毎日、そういう意識を持って生活していると心眼力はどんどん磨かれていきます。そして、人に対しても心眼力は大いに発揮してあげてください。

これは、人に気に入られたいが為に、心にもない事を言って相手を褒める事とは全く違います。決しておべっかを使う力ではありません。ヘラヘラとお世辞で人を褒める事でもありません。

どんな人にでも必ず素晴らしい一面があります。そこを見つけてあげる力であり、それを素直に教えてあげられる心が心眼力です。

もし嫌な所ばかりが目に付き良いところが見つけられなかったとしたら、それはあなたの心眼力のレベルが低いだけですので相手の問題ではありません。

この心眼力は、特に子育て中のご両親に養《やしな》ってもらいたいスキルでもあります。普段から意識して子供の良い所を見つけて、それを伝えてあげて下さい。言葉で言うのが照れ臭いなら手紙でもメモでもいいので伝えてあげてください。それが子供の心眼力を育てる事になるからです。

間違っても同級生と比べて順位を付けるのだけはやめて下さい。本書で何度も言っている様に、その子はその子にしか出来ない、誰とも比べる事の出来ない人生を精一杯生きているのです。

子供自身がどう思っているか、周りの人がどう思っているのかは関係ありません。それが本当に素晴らしいかを確かめる必要もありません。ご両親が素晴らしいと思う事をそのまま素晴らしいと言ってあげて下さい。

心眼力の高い両親に育てられた子供は、自分らしい人生を力強く歩む、自信を持った大人に成長して行きます。そうやって育てられた子供は、親が年老いて不自由な生活になってしまっても、出来なくなった事を責めるのではなく、まだ出来る事を褒めてくれる親孝行な子供に育ってくれるはずです。

これは仕事における部下の育成にも同じ事が言えます。

心眼力は幸福度《しあわせど》と比例する

Q 私の職場は人数が多くいくつかのグループに分かれていて、それぞれが陰口を言い合ったり、時には意地悪な事をしたりしています。私はどのグループにも入らない様にしていますが毎日が憂鬱です。どうすれば少しでも気持ち良く仕事が出来るでしょうか？（39歳・女性・工場勤務）

A 一日の大半を一緒に過ごしていれば、当然見たくないものも見えてしまいますね。あなたがとても理性的で偉いのは、周りの状況に流されずに自分の意思で孤立を選んでいる事です。

言霊の章でも触れましたが、自分の魂を汚してまでマイナスの会話に入るくらいなら孤立しても自分をマイナスから守る方が大切です。マイナスの雑言《ぞうごん》の中でいかにあなたが理性的に、そして穏やかな気持ちを保てるのか問われています。まさに修行です。マイナスがそこら中にあるのはあるものとして放って置いて下さい。「見て見ぬふり」です。

道端に落ちているゴミを見て、いちいち心を痛めていたら生きていけません。手の届く範囲のゴミは拾ってあげたらいいのですが、どこかで線引きしなければ生活が出来なくなってしまいます。それを人間関係にも置き換えて考えて見て下さい。

仕事は生活費を稼ぐ為と割り切って仕事モードに切り替えてタイムカードを押して下さい。見ざる言わざる聞かざるモード、スイッチオンです！

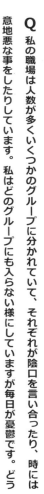

感謝と
ともに

導信

【１０ピースの教訓】

Peace 10

孤立無縁《こりつむえん》

「深い愛を知る」

本書最後の教訓となりました。

私は現在、約200名の心ある仲間と共に、児童養護施設に暮らす子供達を支援しています。この子たちの多くは孤独を背負って生きています。虐待《ぎゃくたい》、病気、死別、様々な理由はありますが、多感な時期に親元を離れ暮らしていかなければなりません。親の代わりは出来ませんが、「あなた達は決して孤独な存在ではない」という事を私たちの活動を通して感じてもらいたいと願っています。

今すぐは分からなくても、社会に出て子供時代を振り返った時、いろんな人が自分たちを気にかけてくれていたんだという事を感じてもらうだけでも意味があると思っています。

この子たちはもちろんですが、事情は違えど今現在孤独で苦しんでいる人にも是非知ってもらいたい事がこの『孤立無縁《こりつむえん》』という魂の原理です。孤立無縁を言葉で言い表すと「あなたは決して一人ではない」という事です。

この世に誕生する時、肉体を持って人生を歩むのはあなたですが、肉体を持たずにあなたと共に人生を歩む事を決めた仲間がいます。それが守護霊団《しゅごれいだん》です。守護霊ではなく守護霊団です。人生は個人プレイではなく必ずチームプレイです。チーム（守護霊）は一心同体《いっしんどうたい》、あなたの感情をそのまま共有します。一つのオーディオにみんながイヤホンを挿し、同じ音楽を共有しているのと同じです。あなたという魂に守護霊団はみんなプラグを繋ぎ、すべての感情を共有しているのです。


あなたが喜ぶ時、チームのみんなが心を躍《おど》らせ楽しんでいます。

あなたが哀しむ時、チームの誰もが同じ哀しみに涙を流しています。

あなたが人知れず泣き明かした時も、悔しくて歯を食いしばった時も、不安でどうしようもない時も、あなたは決して一人では無かった事を断言致します。

チームはあなたから離れる事はありません、常に一緒に人生を歩んでいます。

もう何もかも投げ出したくなった時、みんなはあなたのすぐそばでこう言っていたのです。

「あきらめないで、あなたは一人じゃない」

「わたしたちと一緒に、もう一度立ち上がろう」

「あなたなら大丈夫、必ず乗り越えられる」

あなたが守護霊を信頼し身近な存在に感じている時、守護霊たちもまたあなたに対してとても働きかけやすい状態になっています。守護霊は遠い未知《みち》の存在ではありません。あなたを最も理解する友達であり、頼もしい先輩です。

守護霊たちはあなたの優しいところも、弱いところも、意地《いじ》っ張《ぱ》りなところも、ちょっとズルいところも、頑張ろうとしている事も、全部ひっくるめてあなたを理解し愛しています。いつでもあなたからの言葉を待っています。

気軽に話しかけて下さい。お風呂場でも、ベットの中でも、どこからでもあなたから送られる思念《しねん》（想い）は瞬時に届いています。何でも相談して下さい。必ず何らかの形で答えを返してくれます。

それは夢を使うかもしれません。

ふと手にした本の一節《いっせつ》に込められているのかもしれません。

友達の言葉に託《たく》しているかもしれません。

伝えたいメッセージが書かれたおみくじを引かせるかもしれません。

日常に溢れるメッセージを見逃さないようにしてください。

目に留まったメッセージには必ず守護霊たちからの働きかけがあるものです。


最後にあなたの守護霊たちからのメッセージを代弁《だいべん》します。守護霊はみな同じ想いでご縁のあったあなたを見守っています。想像してください。

チームのみんなは、あなたを心から信頼しています。

今、みんなが優しい笑顔であなたを見つめています。

今度は、あなたがみんなを信頼してあげて下さい。あなたからみんなに笑顔をプレゼントしてあげて下さい。

それでは、最後にメッセージをお伝えします。
私たちは、笑っているあなたを心から愛《いと》おしく思います。
私たちは、泣いているあなたを見て一緒に涙を流しています。
私たちは、怒っているあなたをそっと抱きしめています。
私たちは、哀《かな》しむあなたの心にずっと寄り添っています。
私たちは、あなたの頑張っている姿を誇りに思っています。
あなたは決して一人ではありません。
私たちの愛がいつもあなたに向けられている事を感じてください。
私たちがいつもあなたのすぐそばで共に生きている事を信じてください。
私たちにとって、あなたは世界で一番大切な存在です。

Q 家族を震災で亡くし今は一人になってしまいました。生きる張り合いを失ってしまいました。生きているのが辛いです。（55歳・男性・自営業）

A 残念ながらご家族は戻って来ません。あなたに見える形で会いに来る事もありません。

しかし、あなたは家族の元へ会いに行っている事を知って下さい。人(魂)は睡眠中に霊本体に戻ります。あなたが家族を愛しいと思う様に家族もあなたを愛しいと思っていれば、必ず面会の機会を与えられています。そこにはいくつかのルールが存在しますが、毎晩会っては「じゃあ、また来るね」と霊界と地球の間を行ったり来たりしている事は珍しい事ではありません。

肉体で家族を感じる事は出来なくても、魂（心）で家族を感じて下さい。その想いは必ず家族に届いています。

そしてもう一つ、家族は今肉体という物質的な制約から解放され本来の自由を手にしている事も忘れないで下さい。一旦《いったん》死を受け入れた者から見たら、制限だらけで苦難の修行をしている生きている人間の方が気の毒に思っているものです。ご家族は必ずあなたのすぐ身近な所であなたの人生を応援しています。

ご遺族が冥福を祈るという事は、残された者がしっかりと人生を歩む姿を見せる事です。

いずれ再開の時、胸を張って対面出来る様に人生を謳歌していきましょう。

八正道

心豊に心穏に生きる道

正見 正思 正語

正業 正命 正精進

正定 正念

導信

導信

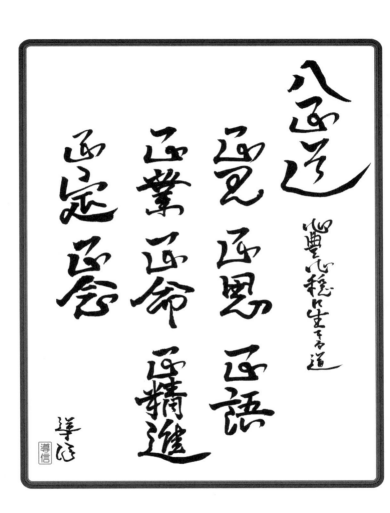

ずっと一緒

導信

最後に

最後まで読んで頂きありがとうございました。本書が皆様の幸せに少しでも貢献出来たでしょうか。

10ピースの教訓を日常生活で実践して頂き、少しでも不安が希望に変わり、執着心《しゅうちゃくしん》が自律心《じりつしん》に変わり、怒りが許す力に変わる事を心より願っております。

人生は実に様々な事が起こります。一進一退《いっしんいったい》を繰り返しながら、それでも魂は光輝く世界へと導かれています。

そして、私たちはそれぞれの生きる場所に潜《ひそ》む闇を光に変えていく使命を持っています。家庭、地域、職場、日本、地球、そのどこにも闇は存在します。また誰の心の中にも闇は存在します。

心に一点の闇も存在しなくなれば人間としての修行は終了です。怒り、哀しみ、疑い、失望、それらの闇を一つずつ光に変えていく事がこの時代に生きる私たち一人一人に求められています。あなたの中の闇が一つ光に変われば、それだけで地球人類の霊格の向上に貢献した事になります。

あなたが誰かの心に光を灯してあげたならば、あなたは人類を平和へと導く高級霊界に対して大きな貢献をした事になります。それはそのままあなたの魂の向上へも繋がっています。

まずは自分の心に光を。

そして目の前の人の心に光を。


怒りを許す力で光に変えましょう。

哀しみを愛の力で光に変えましょう。

疑いを信じる力で光に変えましょう。

失望を勇気の力で光に変えましょう。

私は私の生きる場所で、あなたはあなたの生きる場所で…。

この世に渦巻《うずま》くマイナスのエネルギーを一つ消す事が出来たら、それだけでも人類に大きく貢献しているのです。人の感情から生まれるマイナスのエネルギーは周囲の人にも伝染するだけではなく、実は突発的《とっぱつてき》な事故や自然災害とも深く関係しているのです。

ある時、人の胸の辺りから放出していた怒りや失望感などマイナスの感情エネルギーがどんどん地球の中に吸い込まれ、煮えたぎるマグマのエネルギーに吸収されて行く光景を現実夢《げんじつむ》で見せられた事があります。

地球を平和に穏やかにする為には、人間の心が穏やかでなければならないという事を教えられました。今にも溢れ出すように爆発寸前《ばくはつすんぜん》のマグマを見て、これは大変な事が起こるのではと危機感を覚えた私は、その日のうちに夢で見た光景を紙芝居《かみしばい》にし、講話会でみんなにその事を伝えて歩きました。

実はそれから一年後に３．１１東日本大震災が起こったのです。講話会の開催地域が被災地域だった事も偶然ではありません。

人の感情と地球はリンク（繋がって）しています。

地球の平和を願う時、それは自分たちの心の状態に目を向けなければなりません。地球だけではありません。リンクしているのは家族同士も同じです。穏やかな生活を心がけていると次第に家族も穏やかになっていきます。

次は家族から付き合いのある家族にプラスのエネルギーは伝染し、それは次第に地域に広がっていきます。

地域のエネルギーが日本のエネルギーです。何も大げさな話ではなく、私たち一人一人の心の状態が日本の未来を少しずつ動かしているのです。

あなたの幸せは日本の幸せだという事を忘れないで下さい。

最後になりますが、私をここまで育て、支えてくれた両親、いつも静かに見守ってくれた今は亡き天国の祖父母、自分の事の様に私を応援してくれる兄、笑顔と愛の力でいつも私に寄り添ってくれる妻、かけがえのない大切な子供達、共に仕事をする仲間達に心から感謝しています。

私が今こうして存在しているのは、みんながいるからに他なりません。また出版の機会を与えていただいた吉村さんご夫妻、本書を手に取り最後まで読んで頂いた読者の皆様にも重ねてお礼を申し上げます。

ありがとうございました。

さて、そろそろ本書も終わりになりました。

私自身も仕事、子育て、そして自分自身の人生を謳歌《おうか》出来る様に毎日を大切にしてまいります。みなさまも自分の人生を思いっきりエンジョイして下さいね。

みなさまの幸せを心より願っております。

導信

導信オフィシャルブログ
アメブロ「導信」
http://s.ameblo.jp/dosin777

笑ってる
あなたが
すき

導信

導信
在家僧侶
1975年生まれ
東北地方出身
高校卒業後、数多くの仕事を経験し、その後アメリカに留学。
帰国後、独立し、現在はいくつかの会社を経営しながら、親と暮らせない子供を支援するNPO法人の運営や心豊かに生きるための講話会を主催している。

導信オフィシャルブログ アメブロ「導信」
http://s.ameblo.jp/dosin777

人生を幸せに生きる 10ピースの教訓

平成二十七年十一月一日 初版第一刷発行

著者 導信

発行所 株式会社コレクションインターナショナル
〒一五五-〇〇三一
東京都世田谷区北沢一-三三-二〇-一〇六
FAX:〇三(五七三八)八八六五
メール:collection_manufact@yahoo.co.jp

印刷所 京成社

 ISBN978-4-9907666-5-8